KB209221

Listening Speaking Reading Writing Literacy Vocabulary Grammar

절대 실패하지 않는

진짜
엄마표 영어

우리 아이의
영어 레버리지를 극대화하는
엄마표 영어의 모든 것

· ·

류 미 현 지음

대경북스

절대 실패하지 않는

진짜 엄마표 영어

1판 1쇄 인쇄 2024년 9월 10일
1판 1쇄 발행 2024년 9월 12일

발행인 김영대
편집디자인 임나영
펴낸 곳 대경북스
등록번호 제 1-1003호
주소 서울시 강동구 천중로42길 45(길동 379-15) 2F
전화 (02)485-1988, 485-2586~87
팩스 (02)485-1488
홈페이지 http://www.dkbooks.co.kr
e-mail dkbooks@chol.com

ISBN 979-11-7168-061-0   03370

※ 이 책은 저작권법에 따라 보호받는 저작물이므로 무단전재와 무단복제를 금지하며,
　이 책 내용의 전부 또는 일부를 이용하려면 반드시 저작권자와 대경북스의 서면 동의를 받아야 합니다.

※ 잘못된 책은 구입하신 서점에서 바꾸어 드립니다.

※ 책값은 뒤표지에 있습니다.

프롤로그

"저는 엄마표 영어 코칭학원 원장입니다."

"대한민국에 이런 저런 학원이 많다는 것은 알고 있었지만, 세상에나 엄마표 영어 학원도 있나요?"

"네, 있습니다. 엄마표 영어 학원은 엄마들이 오는 곳입니다. 집에서 어떻게 아이 영어를 지도해야 하는지, 코칭을 받고 적용해 보고 점검을 받습니다."

'엄마표 영어'라는 말은 언제 생겼을까요? 2000년 전후반 해외 여행 자유화, 인터넷을 통한 세계화가 본격적으로 이루어지며 문법, 단어 암기 중심의 학교 영어로는 도저히 외국인과 소통이 되지 않는 현실을 맞닥뜨리게 되었습니다. 이를 통해 자녀 교육에 관심이 많은 대한민국 엄마들 사이에서 우리 아이만은 소통이 가능한 영어 공부를 시키고 싶다는 열망에 불을 지피게 된 것이지요.

여러 언어 학자들, 전문 기관의 연구진들, 직접 외국에서 살아 본 사람들, 한국에만 있었는데 영어로 소통이 잘 되는 사람들의 말을 종합해 보니, 기본적인 소통이 가능한 영어를 위해서는 임계점을 돌파하는 노출(최소 3,000시간)이 단시간에 몰입해서 이루어져야 한다고 합니다. 결국 그 말은 그 나라에 가서 살아야 한다는 이야기가 됩니다. 하지만 외국에 가서 살 수 있는 사람들이 얼마나 될까요?

다행히 무역 개방화로 원서, 원어 비디오 테이프, CD, DVD 등의 구매가 더욱 쉬워지며, 그나마 외국에서 사는 것처럼 집에서 영화 비디오 테이프, CD, DVD, 원서를 활용한 영어 '노출'을 지속적으로 해 주는 것이 가능해졌습니다. 그런데 놀랍게도 일정 시간이 지나자 아이가 마치 외국에 살기라도 했던 것처럼 영어를 원어민처럼 자유롭게 하는 것이 아니겠습니까. 이 이야기가 매스컴, 여성 잡지, 인터넷 맘카페, 입소문을 통해 빠르게 알려지기 시작하면서 본격적으로 엄마표 영어의 서막이 열리게 되었습니다. 엄마와 아이가 주로 생활하는 집이라는 장소를 중심으로 영어 노출이 이루어지니 '엄마표 영어'라는 단어가 자연적으로 생기게 되지 않았나 추측해 봅니다.

결국 엄마표 영어는 아이를 외국에 직접 보낼 수 없는 일반 중

산층 가정에서 아이가 자유롭게 외국인과 소통이 가능한 영어를 하게 할 수 있는 가장 현실적이고 효율적인 방법이 된 것입니다.

그렇게 20여 년의 시간이 흘러 지금의 엄마표 영어는 상당히 구체화되고 정교화되었습니다. 영상과 원서로 노출은 했지만 정확함이 요구되는 학교 공부에서는 죽을 썼던 과거와 달리 학교 공부도 챙기며 영리하게 발전하게 되었습니다. 요즘은 엄마표 영어뿐만 아니라 엄마표 수학, 책 육아 등 자녀가 많지 않는 상황에서 더욱 아이 교육에 집중하는 엄마들의 모습을 보게 됩니다.

엄마표 수학, 엄마표 글쓰기, 여러가지 많지만 영어만큼은 꼭 '엄마표'로 해 주시기를 당부드립니다. 왜냐하면 영어는 언어이기 때문입니다. 엄마표 영어만큼 많은 노출을 시켜 주는 곳은 대한민국 어느 학원에도 없기 때문입니다.

이 책은 곧 9년 차로 접어드는 학원 원장으로서 그동안 엄마표 영어에 대한 잘못된 이해로 아까운 시간을 낭비하는 엄마들을 보며 느꼈던 안타까움과 그에 대한 해결책, 아이와 밀착하며 겪어야 하는 다양한 상황들에 어떻게 현명하게 대처하면 좋을지에 대한 저의 경험과 생각들을 정리한 것입니다. 지금까지 수많은 엄마표 영어 관련 책들이 출간되었지만 거의 대부분 본인의 아이만을 보고 경험한 부분을 기술한 것이 많았습니다. 하지만 이 책은 제 개인의 엄마표 영어 진행 부분까지 포함해서 10년이 넘는 시간 동안 수백 명의 아이들과 엄마들을 지켜보며 통찰한 객관적인 자료를 바탕으로 쓴 책입니다.

1부에서는 대한민국에서 현재 진행되고 있는 엄마표 영어의 여러 모습과 영어 교육에 관한 전반적인 문제점을 짚어 보았습니다.

2부에서는 효율적인 엄마표 영어로 가는 상세 가이드를 통해 영어의 4대 영역인 듣기, 말하기, 읽기, 쓰기 부분을 성공적으로 진행하기 위해 어떻게 하면 좋을지를 주제로 하여, 잘 따라 오실 수 있도록 최대한 자세하게 기술하였습니다.

3부에서는 지금까지 관찰한 엄마표 영어를 잘 진행한 부모들은 어떤 모습이었고, 어떤 점을 배울 수 있는지 적어 보았습니다. 나에게는 지금 어떤 문제가 있는지 되돌아 보고 올바른 길을 찾을 수 있는 길잡이 역할을 할 것입니다.

마지막 4부는 엄마표 영어를 진행하면서 겪게 되는 다양한 문제를 제시하고, 실제 겪은 체험을 바탕으로 두루뭉술하게 말하는 것이 아니라 생생한 해결책을 제시해 드리려고 노력하였습니다.

치열한 영어교육 현장에서 다년간 관찰하고 내린 경험을 쓴 이 책을 통해 수천만 원의 돈을 들이지 않아도 당신의 자녀가 누구보다도 영어를 즐기며 소통하는 미래의 대한민국 리더로 자랄 수 있게 되기를 간절히 바랍니다.

프롤로그   3

(PART 1)   **대한민국 엄마표 영어의 현주소**

엄마가 하면 다 엄마표 영어인가요?   13
엄마표 영어의 핵심은 ○○○○입니다.   13
점만 찍고 있는 영어 노출   15
집은 학원이 아니에요.   17

영어 교육의 양극화   19
우리 아이 영유 보낼까? 일유 보낼까?   19
중학생이 파닉스, 7살이 해리포터   21
사교육 신봉자 vs 사교육 포비아   24

아웃풋 만능주의   26
우리 아이도 유튜브 아이처럼   26
모래성인 줄 모르고 쌓고 있는 영어학습   27
뭐니 뭐니 해도 버터 발음이 최고   29

손가락 터치로 책을 읽는 아이들   32
전자책 전성시대   32
우리 아이 전자책으로 보여줘도 될까   34
아이들을 위한 현명한 전자책 사용법   36

(PART 2) 효율적인 엄마표 영어로 가는 상세 가이드

모국어 습득방식의 엄마표 영어가 효과적인 이유 **39**

우리 아이 처음 영어 시작은 어떻게 해야 할까요? **39**

언어를 배우는 가장 자연스러운 방식 **44**

어릴수록 VS 모국어 습득 후 **45**

많이 들어야 합니다 **48**

무자막 영상의 중요성 **48**

무자막 영상은 쉬운 영상부터? **52**

항상 같은 영상만 봐요 VS 한 번 본 영상은 다시 안 봐요 **54**

무자막 영상은 하루 얼마나 보여줘야 하나요? **57**

애니메이션을 보여줘야 하나요? 실사 영화를 보여 줘야 하나요? **59**

많이 읽어야 합니다 **61**

집중 듣기(청독)의 중요성 **61**

손가락으로 꼭 따라가야 하나요? **66**

아이가 원하는 책만 보면 되는 것 아닌가요? **67**

논픽션(Nonfiction)은 언제 보여 주나요? **69**

많이 말해 보아야 합니다 **72**

쉐도잉을 꼭 해야 하나요? **72**

아이가 영어로 말하기 시작했어요! **74**

이제는 소리 내어 읽을 차례입니다. **75**

가성비 뽑는 원어민 선생님 수업 시작 시기는?   81

많이 써봐야 합니다   85
어떻게 시작해야 할까요?   85
알파벳 쓰기가 익숙해진 후   86
최고의 독서 방법   88
우리에겐 AI가 있습니다.   92

학교 공부도 잘해야지요   96
독해 문제집 풀기는 언제부터 시작해야 할까요?   96
단어장 암기, 문법은 어떻게 하지요?   100
내신, 수능 영어 1등급을 위한 알찬 밑거름   103

PART 3   엄마표 영어를 잘 진행하는 부모들의 공통점

우리 아이 영어는 나 같지 않게   107
소통 영어에 대한 목표가 뚜렷한 부모   107
영어에 대한 관심이 많은 부모   109
우리 아이만큼은 글로벌 무대에서   111

아이와 함께 뛸 준비가 된 부모   113
세상 힘든 꾸준함을 위해 계속 노력   113
함께 실천하는 부모   115

체력을 관리하는 부모   **116**

사랑과 훈육의 줄타기를 잘하는 부모   **119**
균형을 잘 잡는 부모   **119**
사랑으로 관찰하는 부모   **121**
일관성이 있는 부모   **123**

긍정적인 자세로 내 아이에게만 집중하기   **125**
경청하는 부모   **125**
난 내 아이만 본다   **126**
내 삶의 모토는 긍정과 감사   **128**

AI 시대 우리 아이 역량 키우기   **131**
실리콘밸리 자녀 교육   **131**
나무와 숲을 함께 보는 교육   **133**

(PART 4) 엄마표 영어 긴급 처방전

영상 노출 SOS   **137**
무자막 영상에 영 흥미가 없는 아이   **137**
영상만 보려는 아이   **139**
영상 자체를 싫어하는 아이   **140**

원서 읽기 SOS   **143**

매번 해석해 달라는 아이   **143**
원서를 싫어하는 아이   **146**
문자 읽기를 힘들어 하는 아이   **148**

스피킹 SOS   **151**
영어로 말을 하려 하지 않는 아이   **151**
소리 내어 읽기를 싫어하는 아이   **154**
영어의 리듬감을 따라 하기 힘든 아이   **155**

글쓰기 SOS   **157**
연필 잡고 쓰기를 싫어하는 아이   **157**
글쓰기가 힘든 아이   **159**
대충 쓰는 아이   **162**

에필로그   **164**

부록

1. 재미와 교육 모두 잡는 추천 영상 50   **169**
2. 믿고 읽는 추천 원서 70   **174**
3. 엄마와 함께하는 실생활 영어 표현   **184**
4. 엄마와 함께하는 영어 단어 카드놀이   **204**
5. 엄마표 영어(아이보람) 후기   **206**

Part **1.**

대한민국 엄마표 영어의 현주소

엄마가 하면 다 엄마표 영어인가요?

엄마표 영어의 핵심은 ○○○○입니다.

"브라운 베어(Brown bear), 브라운 베어(Brown bear) 왓 두유씨?(What do you see?)"

"왓츠 디스?(What's this?) 예서(이하 가명)야 이게 뭐야?"

"베어(Bear)"

"오! 굿 잡!(Oh! Good job!)"

요즘 엄마표 영어가 대세입니다. 아기를 갖는 순간부터 엄마표 영어를 시작하시는 분들도 있을 정도입니다.

'소중한 내 아이. 나처럼 영어 울렁증 있으면 안 돼.'

'TV 속 그 아이들처럼 영어를 원어민같이 말하게 만들어야지.'

태교 때부터 영어 책을 읽어줍니다. 이렇게 열 달을 품고 태어난 귀한 내 아이. 이제부터는 좀 더 본격적으로 영어 교육에 몰입합니다. 영어 그림책도 열심히 읽어주고 문화센터에도 가고 엄마들과 품앗이 교육도 합니다.

"지수 엄마는 미술을 잘하니, 우리 아이 미술을 가르쳐 줘. 난 영어를 가르칠게."

마음이 맞는 엄마끼리 삼삼오오 모여 품앗이 교육을 합니다. 그런데 영어를 가르친다는 것은 어떤 것일까요?

'우선 아이들이 거부감을 느끼지 않도록 재미있게 접근하는 것이 최고야.'

단어카드를 열심히 오리고, 그림을 그리고 색칠하고 온갖 교구들을 만들어서(=엄마 노가다) 아이들과 재미있게 놀아줍니다. 요즘엔 아이들이 직접 오리고, 칠할 수 있는 기성품도 많이 나와 있습니다. 여하튼 열정적인 한국 엄마들을 진심으로 존경합니다.

그런데 이것이 엄마표 영어의 전부일까요? 엄마가 주도적으로 알파벳 카드 만들고, 교구 만들어서 영어로 놀아줬으니 엄마표 영어일까요? 엄마가 주도해서 엄마표 영어가 아닙니다. 엄마표 영어의 핵심은 바로 '소리 노출'입니다. 모국어 습득방식의 소리 노출이 반드시 더해져야 비로소 의미 있는 엄마표 영어라 할 수 있습니다.

'오늘 영어로 재미있게 놀아줬으니 나 잘하고 있어.'

'나처럼 아이한테 정성 들이는 엄마가 또 있을까?'

물론 즐거운 게임 활동은 분명히 아이들에게 영어에 대한 흥미를 불러일으키고, 아이도 모르는 사이에 단어들을 학습하는 좋은 시간입니다. 그러나 소리 노출이 없는 이런 활동만 하면서 엄마표 영어를 하고 있다고 생각하시면 안 됩니다. 분명 본인은 고생했고, 아이들은 재미있어 했고, 모든 상황이 만족스러웠을 수도 있지만 시간은 흘러가는데 뭔가 아웃풋은 나오지 않는 상황이라 '이거 뭐지?'하는 생각이 드실 수 있습니다.

점만 찍고 있는 영어 노출

또 다른 어머님은 '교구를 만들어 아이들과 놀아준다고? 와, 진짜 그 엄마들 대단하다! 난 그거 못해.' '영어책 읽어주고 영상 보여주면 된다니까, 난 이렇게만 할래. 이렇게만 해도 대단한 거지.' 하며 하루에 2~3권 정도의 영어책 읽어주기, 하루 30분 영어 영상 보여주기를 시작합니다.

그런데 하루 2, 3권 영어책 읽고, 하루 30분 영상 보기로 우리 아이 영어가 자라날 수 있을까요? 물론 그렇게 하지 않는 것보다야 훨씬 낫겠지만 어머님이 생각하고 바라고 계시는 그런 드라마틱

한 아웃풋은 몇 년을 지속해도 나타나지 않습니다. 말 그대로 너무 작은 점만 찍는 영어 노출이기 때문입니다. 제가 그랬습니다. 〈리틀**〉 영상 20~30분 보여주고, 오알티(ORT:Oxford Reading Tree 영국 옥

출처 : ❶ 땡큐, 맘, ❷ 잠수네 아이들의 소문난 영어공부법, ❸ 엄마표영어 17년 보고서,
❹ 엄마표 영어 이제 시작합니다 / 예스24

스포드 출판사에서 발행된 리더스 북) 책을 자기 전에 두세 권 읽어주면서 엄마표 영어를 하고 있다고 생각했었으니까요. 그러면서 '왜 우리 아이들은 영어로 말을 하지 않지?' 그렇게 생각했다는 것입니다. 정말 무지한 엄마였습니다.

"엄마표 영어는 원서와 무자막 영상을 보여주면 된대."

물론 이 두 가지가 엄마표 영어의 가장 핵심입니다. 하지만 '효과적인' 엄마표 영어를 하기 위해서는 노출 시간, 반복 여부, 아이에게 맞는 적절한 자료 제공 등 놓치지 말아야 할 여러 가지 요인들이 있습니다. 옆집 엄마의 말, 유튜버들의 말은 참고 사항일 뿐 책도 읽고 직접 공부하고 발품 팔아 정보를 얻으세요. 왼쪽 페이지의 추천 도서들을 참고하시기 바랍니다. 지금도 우리 아이의 소중한 시간은 흘러갑니다.

집은 학원이 아니에요.

"민우야! 오늘은 이 단어부터 다시 써보자. (cat을 가리키며) 읽어봐."
"···."
"못 읽어? 엄마가 c는 무슨 소리가 난다고 했지?"
"···."
"c는 크크 소리가 나. 몇 번 말했어? cat(캣)! 따라 해봐. cat(캣)!

엄마가 이따 이 단어 테스트 볼 거야. 외워놔!"

여기가 집일까요 아니면 학원일까요? 우리 엄마 세대들은 영어를 알파벳부터 배웠습니다. 학교, 학원에서 계속 단어 시험 보고, 문법 공부하고, 문제 풀이만 했습니다. 이렇게 공부해서 영어가 들리고 말할 수 없다는 것을 뻔히 아는데도 딱히 떠오르는 영어 공부 방법이 없습니다. 딱 아는 만큼만 보이는 겁니다.

물론 자연스러운 영어회화는 '나중에 수능 끝나고 네가 알아서 학원 가서 배워'라는 마음으로 오직 입시 중심의 영어만을 목표로 달릴 수도 있습니다. 그러나 외국어를 받아들이는 뇌가 활짝 열려 있는 어린 시기, 이런 학습 중심의 영어 공부만 시킨다는 것은 흡사 최신 휴대폰을 가지고 전화 걸고 받고만 하는 것과 다를 바가 없습니다.

학원 공부를 집에서 시키면 안 된다는 말이 아닙니다. 어린 친구들에게는 학습 영어가 아니라 노출 영어를 먼저 해줘야 나중에 입시 영어에서도 높은 성과를 낼 수 있습니다. 집이 학원이 되는 것은 우리 아이가 중고등학생이 되었을 때에도 충분합니다. 초등 시기에는 학원에서 해줄 수 없는 많은 양의 소리 노출을 집에서 해주어야 합니다. 그것이 듣고 말하기가 되는 실용 영어를 가능하게 할 뿐 아니라 나아가 입시에까지도 도움을 주기 때문입니다.

영어 교육의 양극화

우리 아이 영유 보낼까? 일유 보낼까?

"영유(영어 유치원)? 일유(일반 유치원)?"

아이가 4, 5세가 되면 이제 본격적인 고민이 시작됩니다.

여기서 짚고 넘어갈 것은 〈영어 유치원〉은 정식 명칭이 아닙니다. 법 규정상 〈유아 대상 영어 학원〉이라고 해야 올바른 표현입니다. 하지만 쉽게 익숙한 표현대로 〈영어 유치원〉이라고 쓰도록 하겠습니다.

대한민국 어머님들 사이에는 큰 2개의 파가 있습니다. '영유 보내자'파와 '영유 쓸데없다'파. '영유 쓸데없다' 파에는 엄마뿐만 아니라 아이가 없거나 다 키운 일반 사람들도 많이 포함됩니다. 이들은 영유 보내는 것에 노골적으로 반대합니다. "아동 학대, 그 돈으로 주식 사줘!" 등 원색적인 비난을 퍼붓습니다. 간혹 아이들이 한국말도 하지 못하게 하는 영어 유치원에서 일주일에 단어 50개 ~100개를 외우고 테스트까지 봐야 한다는 소식을 들었을 때, 이런 비난들이 어느 정도 이해가 됩니다. 120만 원에서 250만 원 정도로 대학교보다 높은 원비를 보면 고개를 끄덕이게 됩니다.

하지만 아이의 성향에 맞는 영유를 찾기 위해 끈질기게 상담받고, 또 결정한 곳을 믿고 3년 이상 꾸준히 보낸 엄마들은 대체적으로 만족도가 크고 아이들도 행복해한다고 합니다. "영유 다닌 아이는 확실히 발음부터 다르더라.""에세이를 줄줄 쓰더라." 영유 다니는 옆집 아이를 보며 감탄하게 되는 경우도 많습니다.

영유를 보내는 것은 부모의 교육 가치관, 경제 상황에 따라 선택하면 되는 것이라고 생각합니다.

저는 두 아이들을 모두 일반 유치원에 보냈습니다. 아이들이 어릴 때로 다시 돌아간다면 영어 유치원에 보낼까요? 아닐 것 같습니다. 엄마표 영어의 효과를 아는 지금은 일반 유치원에 아이들을 보내고, 영어 유치원의 노출 효과를 주기 위해 가정에서 영상 보기와 원서 읽기를 충분히 해 주었을 것 같습니다. 물론 한글 책도 많이 읽어 주고요.

유아들의 수는 감소되었지만 유아 대상 영어학원은 늘어났다고 합니다. 외동이거나 많아야 둘 되는 자녀들. 어떻게 교육해야 우리 아이도 행복하고, 부모도 행복하게 될까요? 내 아이의 성향과 부모의 가치관, 경제 상황을 잘 따져서 현명한 선택을 하고자 끊임없이 노력하는 부모만 가질 수 있는 달콤한 결과가 아닐까요?

중학생이 파닉스, 7살이 해리포터

요즘 아이들 길 걷는 것을 보면 아찔할 때가 많습니다. 거의 대부분의 아이들이 스마트폰을 손에 들고 유튜브를 보며 길을 걷습니다. 심지어 찻길을 건널 때조차 힐끔 좌우를 살필 뿐 여전히 스마트폰에서 눈을 떼지 못합니다. 엘리베이터에서 다른 어른들이 함께 있어도 여전히 소리를 크게 켜놓고 킥킥거리며 영상을 봅니다.

간혹 인구 대비 가장 많은 스마트폰을 갖고 있고, 어딜 가나 와이파이가 터지는 이 환경이 과연 축복일까 아니면 불행일까 하는 생각이 듭니다. 최근 들은 소식으로는 도저히 피할 수 없는 이 환경 때문에 아이들을 위해 이민을 심각하게 고려하고 계시는 분들도 있다고 하시네요.

부모의 세심한 관심과 손길이 미치지 못한 아이들은 어렸을 때부터 무분별하게 노출된 유튜브와 게임때문에 학습능력과 사고력을 키우지 못하게 됩니다. 학원 선생님의 말에 의하면 중학생인데도 한두 줄의 영어 문장조차 잘 읽지 못하는 친구들이 간혹 있다고 합니다. 이런 친구들은 초등 파닉스부터 다시 가르쳐야 한다고 하시네요.

반면 인스타그램이나 유튜브를 보면 7살 아이가 해리포터를 줄줄 읽고 내용에 대해 말하는 영상들이 수두룩합니다. 중학생이 파닉스, 7살 유치원생이 해리포터. 너무나 극과 극의 이 상황. 도대체 무엇이 문제일까요?

가장 큰 원인은 부모들이 얼마나 자녀의 생활과 학습 습관에 관심을 가졌는지 여부라고 생각합니다. 부모들이 어렸을 때부터 얼마나 아이의 미디어 조절력을 길러주고 독서와 학습 습관을 잡아 주었는가에 따라 그 시간들이 조금씩 쌓여 큰 격차가 나타나게 됩니다.

유튜브나 게임을 할 때는 뇌에서 도파민이라는 쾌락 호르몬이 나온다고 합니다. 도파민의 힘이 얼마나 강력한지 알아보겠습니다. 좀 끔찍하지만 의도치 않게 뇌의 쾌감회로에 전극을 이식한 생쥐 실험을 잠깐 볼까요?

쥐들은 자신의 뇌를 자극하기 위해 시간당 무려 7천 번이나 지렛대를 눌렀다. 그들이 자극하고 있는 것은 '호기심 중추'가 아니었다. 그것은 쾌감 중추이자 보상회로였고, 그 활성화는 자연의 어떤 자극보다 훨씬 더 강력했다. 이어진 후속 실험에서도 쥐들은

(심지어 배가 고프고 목이 마를 때에도) 물과 먹이보다 쾌감회로로
자극을 더 좋아했다.

우리 아이들이 이 도파민의 유혹을 스스로 통제할 수 있을까요?
아이들은 딱히 할 일이 없을 때
스마트폰을 켜게 됩니다. 부모가
아이를 그냥 방치할 때 아이들은
쾌락을 주는 유튜브와 게임의 세
계로 빠져듭니다. 스마트폰 통제
가 얼마나 힘들면 '핸드폰 감옥(핸
드폰을 넣어 잠그고, 타이머를 조정해서 특정
시간이 되어야 꺼낼 수 있는 통)'이라는 물
건이 팔리고 있을까요?

출처 : 《고삐풀린 뇌》(데이빗 존 린든
지음, 작가정신) / 예스24

부모도 아이와 함께 노력해야
합니다. 부모가 아이 보는 앞에
서 통제하는 모습을 보일 때 우리 아이들도 부모를 본받게 됩니다.
부모의 관심과 실천이 우리 아이 학습 격차를 줄일 수 있는 유일한
길입니다.

사교육 신봉자 vs 사교육 포비아

"서우 엄마, ○○학원 들어봤어? 거기 엄청 빡세게 애들 잡는대. 문제 다 풀 때까지 집에도 안 보내고 몇 시간 동안 붙잡아 놓는대."

"저는 우리 아이들 학원 안 보내요. 다 집에서 제가 가르쳐요. 전기세 내러 보낼 일 있나요?"

아이들 키우는 엄마라면 주변에서 흔히 들어봤을 겁니다. 우리 아이 교육은 매우 중요한 문제이기에 무척 신중해야 합니다. 무엇이 가장 효율적일까, 무엇이 가장 아이에게 도움이 될까를 잘 따져봐야 합니다. 그렇기에 어떤 교육이든 아이를 제일 잘 아는 부모가 먼저 '집에서 내가 해 줄 수 있는 방법은 없을까?'하고 고민하는 것이 우선이라고 생각합니다.

영어나 수학 등 교과 공부뿐만 아니라 바둑, 수영, 인라인, 농구, 피아노, 미술 등 예체능 과목까지 덮어 놓고 학원부터 찾을 것이 아니라 부모가 최대한 가르쳐 줄 수 있는 부분은 아이와 함께 하는 것은 어떨까요? 요즘에 유튜브 검색하면 정보들이 정말 많습니다. 검색을 통해 부모와 아이가 함께 배우는 시간을 가지면 서로 좋은 추억도 쌓고, 같이 성장하는 기회가 되지 않을까요?

그렇다고 처음부터 무조건 사교육은 안 좋은 것이라고 단정짓고, 아이들 학원 보내면 무슨 큰일이나 나는 것처럼 생각하는 것도 옳지 않습니다. 내 아이의 성향이나 관심은 생각지도 않고, 남이 코딩 학원을 간다니 우르르, 남이 댄스 학원을 다닌다니 우르르 가는 이 '남도 하니 나도 한다' 식의 집단 모방 행동이 문제입니다. 모든 과목을 부모가 다 가르칠 수는 없습니다. 하지만 먼저 내가 가르칠 수 있는 부분은 아이와 함께해 보고, 해 보다가 아닌 것 같으면 그때 학원에 맡기면 됩니다.

바쁜 엄마에게 학원은 가뭄에 단비 같은 감사한 곳입니다. 우리가 할 일은 신중한 선택으로 학원에 보냈다면 그곳에서 아이가 어떻게 공부하고 있는지, 어떤 어려운 점이 있는 것은 아닌지, 진도는 잘 따라가고 있는지 지속적인 관심을 가져야 한다는 것입니다. 그냥 맡겨만 두어서는 안 됩니다. 그래야 그저 왔다 갔다 하면서 학원 전기요금 보태는 상황이 되지 않을 것입니다.

아웃풋 만능주의

우리 아이도 유튜브에 나오는 아이처럼

유튜브, 인스타그램에 나오는 아이들은 다들 어떻게 그렇게 영어를 잘 할까요? 눈이 휘둥그레질 때가 많습니다. 우리 아이도 저렇게 영어를 잘하면 얼마나 좋을까. 유튜브에서 본 대로 영상 노출시켜 주고 영어책도 읽어 줍니다. 하지만 몇 개월을 해도 우리 아이는 A, B, C의 A자도 꺼낼 생각을 하지 않습니다.

비교를 많이 하는 우리 한국 엄마들 마음속에 유튜브에 나오는 아이는 부럽기도 하고, 질투가 나기도 합니다. 도대체 무엇이 문제일까요? 유튜브 영상의 그 엄마는 아이가 좋아하는 것으로 많이 들려주고, 읽어주고, 보여주라고 했는데 그것만 있는 것은 아닌 듯합니다. '뭔가 다른 비법이 있지 않을까?' '우리 아이는 엄마표 영어로 아웃풋이 나오는 아이는 아닌가 봐.'하고 급기야는 포기하는 단계에까지 이르게 됩니다.

엄마표 영어를 한다고 하면 다들 춤추고 노래하고 영어로 막 말하고, 원서를 줄줄 읽고 해야 할까요? 물론 그런 성향의 아이라면 또 인풋이 충분하다면 그럴 것입니다. 하지만 엄마표 영어를 시작한 지 5년 이상이 되어도 절대 스스로 영어를 말하지 않는 아이도 있습니다. 고학년이 되면서 뭔가 버터 발음을 굴리며 영어를 하는 것을 부끄럽게 생각하는 친구들도 많습니다.

우리 아이의 성향을 보는 것이 먼저입니다. '엄마표 영어 하는 아이는 이렇다더라.'하는 선입견을 내려놓으시고 아이마다 다를 수 있다는 것을 충분히 생각해 주세요. 그래야 엄마도 아이도 집중해서 이 과정을 진행해 나갈 수 있습니다.

모래성인 줄 모르고 쌓고 있는 영어학습

"우리 아이는 이 방법이 안 맞는 것 같아요."

엄마표 영어로 듣기, 읽기의 인풋을 잘 해 주다가도 몇 달만 지나면 아이가 영어로 말을 하지 않는다며, 이 방법은 맞지 않는 것 같다고 합니다. 성격이 급한 한국인들에게 엄마표 영어는 흡사 몸에서 사리가 나오는 인고의 시간을 견디는 과정인 듯합니다. 그래서 학원으로 달려갑니다. '아웃풋 전문', '하루 100문장씩 듣고 말한다', '한국어를 듣고 바로 영어로!' 학원에서는 패턴을 주고, 단어를 계속 바꾸어 가며 영어 말하기 훈련을 시킵니다.

'아이 고 투 스쿨(I go to school).'
'아이 고 투 더 파크(I go to the park).'
'아이 고 투 더 스토어(I go to the store).'
'아이 고 투 더 키친(I go to the kitchen).'

이렇게 연습하고 와서 집에서 줄줄 외운 표현을 말하면 부모는 우리 아이 아웃풋이 팡팡 터진다고 착각합니다. 그런데 이것이 과연 진정한 아웃풋일까요? 무엇이든 영어로 줄줄 말하기만 하면 되는 걸까요? 하루빨리 아이가 영어로 말하기를 바라는 부모의 입장에서는 이 훈련 방법이 눈에 보이는 가시적인 결과도 있어 안심이 되고, 또 내 아이가 뭔가를 하고 있다는 만족감도 줍니다.

하지만 외국에 나갔을 때에야 비로소 알게 됩니다. 원어민의 말이 들리지가 않으니 줄줄 외웠던 표현들을 써먹을 기회가 없다는 것을요. 그렇게 많은 문장들을 외웠는데, 간신히 아는 부분이 나와서 한마디 하면 순식간에 다른 문장들이 쓰나미처럼 밀려온다는 것을요.

모든 언어는 인풋이 먼저입니다. 많이 들어야 하고 많이 읽어야 합니다. 그래야 머리에서 꺼낼 수 있는 자료들이 많아져서, 말하기·쓰기의 아웃풋이 수월하게 나올 수 있습니다. 시간이 좀 걸리더라도 아이는 본인의 생각을 영어로 말해야 합니다. 많은 노출을 통한 자연스러운 영어 습득은 세상 느리고 답답한 길처럼 여겨집니다. 하지만 그것이야말로 아이의 전체 인생으로 본다면 가장 빠르게 영어를 정복하는 길입니다.

뭐니 뭐니 해도 버터 발음이 최고

예전에 영어 발음을 좋게 하기 위해 멀쩡한 아이에게 '설소대 수술(혀 밑의 끈을 잘라주어 발음을 쉽게 할 수 있도록 하는 수술)'을 해주는 것이 유행이라는 이야기를 들었습니다. 수술을 통해서라도 아이 발음을 좋게 하고픈 부모들의 마음인 거죠. 그만큼 우리 엄마들은 아이 발음에 집착합니다.

한국인의 발음 집착증에 대해 "영어 내용을 알아들을 수 없으니, 바로 들리는 발음이라도 좋으면 영어 실력이 좋다고 판단하는 것"이라고 일침을 놓으신 분도 있었습니다.

영어 발음은 중요합니다. 예를 들어 '휀(fan)'은 선풍기이고, '벤(van)'은 승합차를 의미합니다. '픽(peak)'은 산꼭대기, '빅(beak)'은 새의 부리를 뜻합니다. 문맥 상에서 알아들을 수는 있겠지만, 단어만 말할 경우 정확하게 발음하지 않는다면 잘못 알아듣는 경우가 있을 수 있습니다.

소통에 문제가 생길 수 있는 미묘한 발음의 차이는 정확하게 훈련해야 합니다. 하지만 그 이상 도를 넘어 원어민처럼 발음해야 한다는 생각은 아이도, 부모도 힘들게 할 뿐입니다. 영어를 영어답게 들리게 하는 더 큰 요소는 인토네이션(intonation, 소리의 높낮이), 악센트(accent, 억양이나 강세)입니다.

발음은 정확하게 잘 하는데 뭔가 어색하게 들린다면 인토네이션이 영어의 원래 높낮이와 다르게 나오기 때문입니다. 영어는 리듬 언어입니다. 한국어처럼 딱딱 끊어 말하는 언어가 아니라 마치 피아노 연주를 하듯이 높낮이와 리듬감이 있습니다. 간혹 노래할 때 음정 맞추기를 힘들어하는 아이들이 영어의 리듬을 따라하기를 힘들어하는 경우가 있습니다. 하지만 영어에 많이 노출되고, 소리 내어 읽는 훈련이 되면 조금씩은 리듬감을 찾아가는 모습이 보이기도 합니다.

하지만 이 인토네이션, 악센트도 영어를 세계 공용어로 쓰고 있는 이 시점에서 그다지 큰 문제가 되지 않습니다. 인도식 영어, 중국식 영어, 일본식 영어, 한국식 영어, 모두 각 나라 모국어의 악센트에 맞추어 영어를 구사합니다. 예전에는 이런 것을 촌스럽다고 이야기했지만 지금은 이렇게 말하는 사람을 더 촌스럽다고 이야기하는 시대가 되었습니다.

결론적으로 아이 발음은 소통에 문제가 될 수도 있는 단어들 정도만 연습하면 됩니다. 과도하게 원어민처럼 발음하는 것에 집착할 필요는 없습니다.

하지만 우리 어머님들, 아이 발음 신경 쓰이시지요? 이왕이면 다홍치마라고 원어민처럼 발음했으면 하시지요? 그렇다면 영어 소리를 많이 들려주세요. 집 안에서 아이가 알아들을 만한 동화나 동요 소리가 늘 라디오처럼 흘러나오게 해주세요. 이것이 우리 아이가 가장 스트레스 적게 받으면서 영어의 리듬감을 몸에 익힐 수 있는 가장 강력한 방법입니다.

손가락 터치로 책을 읽는 아이들

전자책 전성시대

요즘 어딜 가나 아이들이 태블릿을 손에 들고 있는 것을 보게 됩니다. 기기 위에서 기가 막히게 손가락을 요리조리 움직입니다. 자못 심각한 표정을 짓기도 하고요, 까르르 웃기도 합니다. 태블릿 안에서는 도대체 어떤 일들이 벌어지고 있는 걸까요?

태블릿 안에는 여러 가지 읽을거리, 동영상, 게임 등 다양한 콘텐츠가 있습니다. 요즘 초등학생들은 태블릿을 통해 인강을 듣고 공부를 합니다. TV에서는 유명한 연예인들이 태블릿 학습 광고를 합니다. 외출이 불가능하고 원격 수업만을 해야 했던 코로나로 인

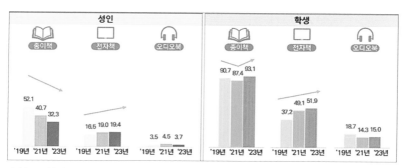

출처 : 문화체육관광부 2023년 국민독서실태조사

해 이 태블릿 시장이 엄청나게 커지게 되었습니다. 예전에는 '이걸로 공부가 돼?'라고 했던 부모들도 이제는 태블릿을 통한 학습을 자연스럽게 생각합니다. 이런 변화를 말해 주기라도 하듯 문화체육관광부에서 실시한 〈2023년 국민 독서 실태조사〉에 따르면 학생들의 전자책 독서율이 2019년에는 37.2%, 2021년에는 49.1%, 2023년에는 51.9%로 점점 늘어난 것을 볼 수 있습니다.

엄마표 영어에서 중요시하는 원서 역시 전자책으로 읽는 비중이 많이 높아졌습니다. 수많은 온라인 영어 도서관들이 생겼습니다. 하지만 아쉬운 점이 있습니다. 《아서 어드벤처(Arthur Adventure)》, 《베렌스타인 베어즈(Berenstain Bears)》, 《매직 트리 하우스(Magic tree house)》 등 2000년 이전에 출판된 오랫동안 사랑받아온 양질의 스테디셀러는 온라인 영어 도서관에서는 쉽게 찾아볼 수 없다는 것입니다.

우리 아이 전자책으로 보여줘도 될까

"읽고 싶은 책 가져와. 책 읽어 줄게."

"엄마! 이거 이거."

"아이고, 이 책 몇 번째니. 또 이 책 읽을 거야? 다른 책도 좀 보자."

"아냐. 이거 이거, 이거 먼저~."

"휴, 그래 알았어. (침 한번 꼴깍 삼키고) 어느 날 토끼가…"

아이와 함께 하는 흔한 풍경이지요. 아직까지 우리는 책을 읽는 다 하면 종이책을 먼저 떠올립니다. 종이책의 가장 큰 장점은 무엇일까요? 우선 손으로 만지고 느낄 수 있기 때문에 아이와 함께 읽었던 당시의 분위기, 촉감, 성취감 등을 떠올릴 수 있습니다.

전자책보다 눈의 피로도 덜하고, 배터리 걱정 없이 언제 어디서나 읽을 수 있으며, 책장 가득히 꽂힌 수십 권의 책들을 보면 나도 모르게 뿌듯해집니다.

그럼 이 반대의 경우가 전자책의 단점이 되겠지요. 태블릿에서는 몇 권을 읽었다고 표시는 나오는데 실감이 많이 나지 않습니다. 손가락으로 페이지를 넘기다 보면 해상도, 밝기 조절에 따라 눈이 쉽게 피로해지기도 합니다.

지금 이 시대에는 전자책이든 종이책이든 상황에 따라 흥미롭게 읽으면 됩니다. 다만 자라나는 아이들에게는 종이책이 더 유익한 부분이 많다고 생각합니다.

"최근 스웨덴 정부는 각 학교에 배치할 도서를 구입하는 비용으로 6억 8,500만 크로나(약 823억 원)를 투입하고, 내년과 그 이듬해에도 연간 5억 크로나(약 600억 원)씩을 추가 배정할 계획이다. 이런 결정은 지나치게 디지털화된 학습 방식으로 인해 문해력 등 학생들의 학습 능력이 저하됐다는 비판에 따른 것이다. 스웨덴 왕립 카롤린스카 연구소는 지난달 성명에서 "디지털 도구가 학생의 학습 능력을 향상하기보단 오히려 저해한다는 명백한 과학적 증거가 있다."라며 "정확성이 검증되지 않은 무료 디지털 소스에서 지식을 습득하기보다는 인쇄된 교과서와 교사의 전문 지식을 통해 지식을 습득하는 데 초점을 둬야 한다."라고 했다.(출처: 조선일보 2023년 9월 11일 기사)

아이들의 문해력 저하는 우리나라뿐만 아니라 전 세계 이슈인 듯합니다. 문해력 문제, 정서적 안정감뿐만 아니라 아이들에게 종이책이 더 좋은 이유는 많은 시간을 보내는 학교 대부분의 활동이 아직까지는 종이로 이루어진다는 점에 있습니다. 당장 내년부터 AI 디지털 교과서를 순차적으로 도입하겠다는 정부의 발표가 있었지만, 이것은 떨어진 문해력을 올리기 위해 종이책으로 다시 돌아가는 선진국들과 반대로 가는 매우 염려스러운 정책이라고 볼 수 있습니다. 아무리 학교가 디지털화를 한다고 해도 이것은 보조적인 활동일 뿐 교과서 공부, 노트 필기, 시험 등 핵심적인 활동은 모두 종이로 이루어지고 있고 또 이루어져야 합니다. 최소한 공교육인 학교에서만이라도 아이들의 문해력을 높여 주는 공간이 되어야 합니다. 하지만 이미 엄청난 비용을 들여 만든 AI 디지털 교과서 도입은 이제 거스를 수 없는 현실이 되었습니다. 어떤 장단점이 있을지는 지켜보아야 하겠지만 기대보다는 걱정이 앞서는 것은 왜일까요?

어쨌든 아직까지는 종이로 진행되는 활동이 많은 학교에 다니는데, 전자책을 주로 보게 하고, 손가락 터치만으로 문제를 푸는 상황만 계속된다면 필기하고 교과서를 읽는 학교에서의 활동을 점점 힘들어하지 않을까요? 생각을 정리해서 쓰는 배움 노트 쓰기를 어려워하고, 글씨 쓰는 것 자체를 싫어하는 아이들이 늘어난 것은 여기에 이유가 있지 않을까요?

아이들을 위한 현명한 전자책 사용법

전자책 사용이 늘어나는 것은 거스를 수 없는 시대의 흐름입니다. 하지만 KOSIS(국가통계포털) 사이트에 따르면 2021년 기준 전국 공공도서관은 1,208개로 매년 꾸준히 늘고 있습니다. 아직까지 부모들은 자신들이 겪었던 경험을 바탕으로 아이들에게는 전자책보다는 종이책이 더 좋다는 생각을 갖고 있습니다. 많은 초등 교육 전문가들이 말하는 책을 많이 읽어야 한다는 뜻도 양질의 고전, 명저 등 종이책을 말하는 것이지 전자책을 말하는 것은 아닐 듯합니다.

아이들의 영어 원서, 한글 독서 교육에서는 종이책을 최우선으로 두시기 바랍니다. 아이들은 오감으로 느끼는 것에 특히 뛰어나기 때문에 종이책, 팝업북, 촉각책 등 다양한 책에 대한 좋은 경험을 많이 시켜 주시기 바랍니다. 도서관에도 자주 가고, 오고 갈 때 맛있는 간식도 먹으면서 책을 읽는 즐거움을 어려서부터 느끼게 해 주세요.

여행을 갈 때, 마땅히 읽을 종이책이 없을 때, 도서관이 멀고, 책 구매가 힘들 때 차선책으로 전자책을 이용할 수도 있습니다. 하지만 전자책이 주요 읽을거리가 되어서는 안 됩니다. 또한 태블릿으로 아이들이 다른 게임, 동영상 사이트로 빠지지 않도록 잘 지도해 주시기 바랍니다.

Part 2.

효율적인 엄마표 영어로 가는 상세 가이드

모국어 습득방식의 엄마표 영어가 효과적인 이유

우리 아이 처음 영어 시작은 어떻게 해야 할까요?

가만히 생각해 봅니다. 우리 어른 세대가 하나같이 영어가 들리지 않고 말도 하지 못하는 이 기가 막힌 상황은 대체 무엇 때문일까요? 중·고등학교 합쳐서 6년 동안 영어를 배웠는데, 심지어 대학까지 10년 동안 배웠는데, 왜 들리지도 않고 말도 못 할까요?

'내가 단어를 열심히 안 외워서 그래.'

'그때 교과서 문장들이라도 줄줄 외웠어야 하는 건데.'

'맨투맨 종합영어 끝까지 봐서 문법 마스터했었어야 했는데.'

'내가 열심히 공부 안 해서 그렇지 뭐.'

정말 그럴까요? 이게 팩트일까요?

우리 어른 세대 영어 공부의 가장 큰 문제점은 바로 모국어를 배울 때와 다른 순서로 영어를 배웠기 때문입니다.

우리나라의 공식적인 학교 영어 교육은 20세기 초 일본의 식민지 지배하에서 구체화되기 시작했습니다. 챗지피티(ChatGPT)에게 물어보았습니다. '한국 영어교육의 문제점은 뭐라고 생각해?(What do you think is the problem of English education in Korea?)'

챗지피티(ChatGPT)는 이렇게 말합니다.

문법과 암기에 초점을 맞춥니다. 한국의 영어 교육에 대한 전통적인 접근 방식은 종종 문법 규칙과 단어 암기에 중심을 두고 있습니다. 암기에 대한 이러한 강조는 말하기와 듣기와 같은 실용적인 언어 능력에 대한 부족으로 이어질 수 있습니다.

| 말하기 및 듣기 연습 부족 |
큰 수업 규모와 제한된 수업 시간 때문에, 학생들이 영어로 의미 있는 말하기와 듣기 연습에 참여할 기회가 종종 제한됩니다. 이것은 학생들이 실제 상황에서 효과적으로 의사소통하는 데 어려움을 겪을 수 있습니다.

| 교사 중심 교육 |
많은 한국 교실의 수업 방식은 선생님이 강의를 전달하고 학생들이 수동적으로 정보를 받는 등 선생님 중심적인 경향이 있습니다. 이러한 접근 방식은 학생들의 적극적인 참여와 상호작용을 위한 충분한 기회를 제공하지 못

할 수도 있습니다.

| 시험 중심 접근 방식 |
수능과 같은 고득점 시험은 문법과 어휘에 중점을 두는데, 이는 총체적인 언어 학습보다는 시험 준비에 중점을 둘 수 있습니다. 이러한 시험 중심 접근 방식은 의사소통 언어 능력 개발을 방해할 수 있습니다.

| 원어민 콘텐츠와 문화적 노출의 부족 |
영어 문학, 영화, 그리고 미디어와 같은 원어민 콘텐츠에 대한 제한된 노출은 학생들의 영어와 문화에 대한 이해를 제한할 수 있습니다. 문화적 노출은 균형 잡힌 언어 능력을 개발하는 데 필수적입니다.

| 불충분한 교사 훈련 |
한국 학교의 영어 교사들은 영어 교육에 대한 전문적인 훈련의 부족과 관련된 도전에 직면할 수 있습니다. 적절한 전문적인 개발 기회와 영어 교사들에 대한 지원은 그들의 교육 효과를 향상시키는 데 도움을 줄 수 있습니다.

| 제한된 영어 몰입 기회 |
학생들이 실제 환경에서 영어에 노출되는 영어 몰입 환경은 한국 학교에서 상대적으로 부족합니다. 학생들이 교실 밖에서 영어를 사용할 수 있는 더 많은 기회가 그들의 언어 능력을 강화하는 데 도움이 될 것입니다.

의사소통 언어 교육과 영어 교실에서의 기술 통합을 강조하는 최근의 교육 개혁을 포함하여 이러한 문제들을 해결하기 위한 노력이 이루어졌습니다. 하지만, 한국 학교의 영어 교육을 개선하고 자신감 있고 능숙한 영어 학습자들을 양성하는 환경을 만드는 것은 계속되는 과제로 남아 있습니다.

챗지피티(ChatGPT)는 이처럼 한국 학교 영어교육의 문제점을 정확하게 알고 있습니다. 현재 모든 어른 세대를 벙어리로 만든 학교 입시 영어교육. 내게 이 공부 방식이 익숙하다고 해서 우리 아이에게도 같은 방법으로 영어 공부를 시키실 건가요?

2021년도에 조사된 결과(아래 표 참조)를 보면, 영어는 온라인에서 가장 많이 사용되는 언어로 60.4%를 차지하고 있습니다. 중국어는 10위로 세계에서 가장 많은 인터넷 사용자를 보유하고 있지만 1.4%만 사용하고 있고, 표에 나오지는 않지만 한국어는 0.6%로 18위에 랭크되어 있습니다(출처 : 매드타임스). 단순 계산만으로도 영어와 한국어는 100배의 정보 차이가 납니다. 우리 아이가 말하기는 힘들더라도 최소한 긴 글의 영어 문장을 거침없이 편안하게 읽을 수 있다면, 0.6%의 한국어 세상보다 100배 넓은 세상의 정보를 얻고 활용할 수 있다는 계산이 나옵니다.

순위	언어	상위 천만 개 웹사이트의 비율	해당 언어를 구사하는 인구의 비율
1	영어	60.4%	16.2%
2	러시아어	8.5%	3.3%
3	스페인어	4.0%	6.9%
4	터키어	3.7%	1.1%
5	페르시안어	3.0%	0.7%
6	프랑스어	2.6%	3.5%
7	독일어	2.4%	1.7%
8	일어	2.1%	1.6%
9	베트남어	1.7%	1.0%
10	간체 중국어	1.4%	14.3%

출처 : 매드타임즈(MADTimes)(http://www.madtimes.org)

예전보다 확실히 영어로 소통할 일들이 많아졌습니다. 해외여행 갈 일도 많아졌고, 최신 자료를 유튜브나 구글 검색, 챗지피티(ChatGPT)로 찾아볼 일이 많습니다.

저는 직업상 정기적으로 아마존(Amazon: 미국의 인터넷 종합 쇼핑몰)에서 DVD나 원서를 구매합니다. 한국에는 없는 DVD가 많기 때문에 미국에서 구매를 많이 합니다. 대개는 별문제 없이 배송됩니다. 그런데 간혹 DVD 케이스 안에 DVD가 없는 황당한 경우, 결제가 잘못된 경우, 다른 물품이 온 경우 등 문제가 발생할 때가 있습니다. 그럼 아마존과 직접 소통해야 하는데 일대일로 대화를 하거나 이메일을 보내야 합니다. 파파고의 도움을 받을 수도 있지만, 파파고가 번역한 글이 나의 주장을 제대로 반영하고 있는지 점검할 수 있는 능력이 필요합니다. 엉뚱하게 번역되어 있을 수도 있기 때문입니다. 그럴 때마다 속 시원히 내가 하고 싶은 말을 바로바로 쓰고 소통하면 얼마나 좋을까 하는 생각이 간절합니다.

외국 여행 가서도 번역기로 돌릴 수 있는 간단한 대화만 주고받는 것이 아니라 그곳에 사는 사람들과 눈빛과 눈빛을 나누며 속 깊은 대화들을 나눠보고 싶습니다. 한 다리 건너는 번역기 대화는 물 위에 기름처럼 겉도는 느낌입니다. 마음과 마음이 전달되는 것이 아니라 말과 말만 전달되는 느낌입니다. 우리와 같은 이 상황을 우리 아이들에게 되풀이하지 않기 위해서는 모국어 습득 순서에 맞게 언어를 배워야 합니다. 공부에는 왕도가 없다고 합니다. 하지만 영어에는 있습니다. 모국어 습득 순서와 같이 소리부터 노출시키지 않는 외국어 공부는 평생을 해도 불편한 언어가 될 뿐입니다.

언어를 배우는 가장 자연스러운 방식

제가 구독하는 유튜버 중에 '런던쌤'이 있습니다. 영어를 쓰지 않는 환경에서 성장하다 성인이 되어 배운 영어로 런던에서 컴퓨터 사이언스(Computer Science)를 전공하고, 런던 대학에서 배운 한국어로 한국 정치외교학과 석사까지 마쳤습니다. 현재 유튜버, 프로 통번역가로 활발히 활동 중입니다. 런던쌤이 이런 말씀을 하시더라고요. "인간의 뇌는 일반 컴퓨터가 아닌 알파고 요즘은 챗지피티(ChatGPT)같은 인공지능 컴퓨터입니다. 일반 컴퓨터처럼 공식을 넣으면 답이 나오는 방식이 아니라 여러 가지 상황을 보고 추론을 통해서 배우게 되는 것이 익숙한 놀라운 추론기관입니다."

우리는 이미 나와있는 공식을 보고 그 공식에 맞게 문제를 풀어내는 것이 가장 효율적이라고 생각합니다. 수학, 과학 같은 경우는 그럴 수도 있습니다. 그러나 언어는 다릅니다. 대부분의 사람들은 문법을 배우고 단어를 암기해서 거기에 공식처럼 끼워 넣어 말을 할 수 있다고 생각합니다. 이것은 아주 초보일 때 가능하겠지요. 그러나 이제는 이것도 필요 없어졌습니다. 번역기에 입력만 하면 금방이니까요. '여행 가서 몇 마디 직접 하고 싶다', '물건 살 때 몇 마디 하고 싶다' 정도라면 엄마표 영어 방식의 습득 영어를 굳이 하지 않으셔도 됩니다. 그러나 원어민들과 깊이 있는 대화를 직접 나눠보고 싶고 영어로 된 많은 자료들을 술술 읽어 내려가고 싶은 열망이 있으시다면 그리고 우리 아이들에게 그러한 능력을 길러주고 싶으시다면 가장 최고의 인공 지능인 우리의 뇌를 이용하는 공부를 해야 하는 것입니다.

어릴수록 VS 모국어 습득 후

요즘엔 태교 때부터 영어 소리를 들려준다고 합니다. 아이가 태어난 순간부터 평소에 그다지 관심 갖지 않았던 아이 교육에 대한 관심이 불붙기 시작합니다. 정말 우리 대한민국 엄마들한테는 교육열이라는 유전자가 따로 있기라도 한 것일까요?

"무조건 어릴 때부터 영어를 노출하는 것이 좋다."

"모국어를 어느 정도 익힌 후 영어를 하는 것이 좋다."

여러 주장들이 있습니다. 어렸을 때부터 노출하는 것이 좋다고 주장하시는 분들은 그래야 거부감 없이 영어를 받아들일 수 있다고 말씀하십니다. 하지만 서유헌 교수님의 인터뷰를 보면 측두엽이 발달하는 여섯 살부터 외국어 교육을 비롯해 다른 교육을 시도하는 것이 효과적이라고 합니다.

　'여섯 살이 되면 뇌는 가운데 부위인 두정엽과 양옆의 측두엽
이 발달한다. 측두엽은 언어 기능, 청각 기능을 담당하는 곳으로,
측두엽이 발달할 때 외국어 교육을 비롯해 말하기, 듣기, 읽기, 쓰
기 교육을 하는 것이 효과적이다'

(출처 : 베이비뉴스 서유헌 가천대학교 의과대학 석좌교수 인터뷰)

　아주 어릴 때부터 영어에 노출된 친구들이 발음도 더욱 원어민
스럽게 하긴 합니다. 그런데 자칫하면 영어의 중요성에 매몰되어
모국어 노출 환경이 부족해질 수 있습니다. 대한민국에서 계속 사
는 이상 우리 아이들에게는 모국어 능력이 가장 중요합니다. 간혹
과도한 영어 노출로 흡사 외국 교포처럼 한국어를 발음하는 경우들
이 있습니다. 이것이 바로 벼룩 잡으려다 초가삼간 태운다는 것 아
닐까요? 외국 교포도 아닌데 모국어를 정확하게 발음하지 못한다는
것은 득보다 실이 훨씬 많습니다.
　어렸을 때는 하루 한두 시간 영어 노래, 영어 동화 등을 가볍게
접하게 해주시기 바랍니다. 탄탄하게 쌓은 모국어 실력 위에 영어
라는 외국어가 얹혀질 때 우리 아이들은 영어를 더욱 잘 이해하고
받아들이게 됩니다. 제가 코칭을 해보니 거의 초등학교 5학년에 엄
마표 영어를 시작했어도 모국어가 탄탄한 아이는 교육과정을 금세

따라가는 것을 볼 수 있었습니다.

그래도 '난 아기 때부터 영어를 노출해 주고 싶어.'라고 생각하신다면 3세 이전에는 영어 노래, 간단한 영어 동화 읽어주기 등 하루 한두 시간 정도 귀를 통해 들려주시는 활동을 해주시기 바랍니다. 3세 이상부터 영어 영상을 보여주시되, 6~7세가 되기 전까지는 하루 30분 정도만 보는 것으로 철저하게 통제하여 주시기 바랍니다. 유아들은 엄마와 상호 작용, 동화책 읽어주기 등을 통해 모국어의 힘을 충분히 키울 수 있게 해주시기 바랍니다. 이것이 나중에 사회생활, 학습적인 면 등 여러 부분에서 아이에게 훨씬 도움이 될 것입니다.

많이 들어야 합니다

무자막 영상의 중요성

"엄마! 엄마! 빨리빨리"

"왜? 무슨 일이야?"

"한글로 나와요! 꺼주세요."

"아휴, 무슨 큰일이 난 줄 알았네. (무자막으로 바꾼 후) 이제 됐지? 재미있게 봐."

무자막 영상을 보는 것에 익숙한 아이는 한국어 자막이 나오면 큰일이 나는 줄 압니다. 그리고 한국어 더빙 영상도 굉장히 어색해

합니다.

아이에게 왜 무자막 영상을 보여줘야 할까요? 왜냐하면 이것이 언어를 배우는 자연스러운 원리이기 때문입니다. 아이는 부모의 얼굴 표정, 입 모양, 몸짓, 손짓을 관찰하며 모국어를 서서히 배워 나갑니다. 말을 배우기 위해서는 말을 하는 사람들을 관찰해야 합니다. 아이를 키울 때 아이들이 말하는 부모의 얼굴을 빤히 보고 있는 사랑스러운 모습을 많이 보셨지요? 그래서 아이가 영어를 배우기 위해 가장 좋은 것은 부모가 그 언어를 사용하는 것입니다. 하지만 한국에서 그렇게 해줄 수 있는 부모가 대체 얼마나 될까요? 부모가 못하니 외국으로 나가 원어민들을 관찰해야 할까요? 하지만 다행히도 해외에 나가지 않아도 영상을 관찰하면서 말을 배울 수가 있습니다.

그런데 얼굴 표정, 입 모양, 몸짓, 손짓을 관찰하기 위해서는 자막이 없어야 합니다. '자막이 있어야 한다.' 아니면 '없어야 한다.' 또 '자막을 한번 보고 이해하고 없애고 봐야 한다.' 등 이런저런 말들이 너무 많습니다. 하지만 아이들이 영상을 시청할 때에는 무자막을 고수하시기 바랍니다. 아무리 영어 자막, 한글 자막을 읽지 못한다 하더라도 아이들은 그 자막으로 눈이 가게 되어 있습니다. 그래서 영상에 나오는 상황들을 관찰할 수 있는 기회를 놓칠 수 있습니다.

어른들의 관점으로 한글자막판이나 더빙판을 틀어놓고 모두 이해한 후에 자막을 없애고 시청해야 한다는 것도 아이들한테는 맞지 않는 방법입니다. 영어를 배우고 싶다는 동기가 어른보다 약한 우리 아이들이 한국어로 모두 이해하고 신나게 봤던 영상을 굳이 왜 무자막으로 한 번 더 봐야 하는지 이해하지 못합니다. 한국어로 봤으면 됐지, 왜 알아듣지도 못하는 영어로 한번 더 봐야 할까요? 머릿속에서 '아! 아까 그 말을 영어로 이렇게 하는구나.' 생각하며 영상을 시청할까요? 이것은 시간 낭비이고 지루한 일일 뿐입니다.

'저게 도대체 무슨 말일까' '저런 말이 계속 나오는데 무슨 뜻일까' 계속 생각하면서 언어가 늘게 됩니다. 저는 'humiliate(휴밀리에이트)'란 단어를 잊지 못합니다. 아이들과 함께 영화를 보다보면 "How can you humiliate me?", "This is humiliating."이라는 표현들이 간혹 나왔는데 어떤 부정적인 상황에서 상대방을 향해 외치거나 매우 머쓱한 표정으로 말하는 것을 관찰할 수 있었습니다. '이 단어가 뭘까?' 계속 생각하고 추측하다 아주 나중에 사전을 찾아보게 되었습니다. '굴욕감을 주다', '창피를 주다'라는 표현이었습니다. "How can you humiliate me?"는 "나한테 모욕감을 줘?", "This is humiliating."은 "이거 굴욕적인데."라는 의미였습니다. 이때 머릿속에서 퍼즐이 맞추어지며 절대 잊지 못하는 단어가 되었습니다. 종이에 여러 번 쓰고 머리로 암기한 단어라면 이 단어가 이렇게 깊이 다가왔을까요? 마찬가지로 'eliminate(일리미네이트)'란 단어도 〈형사 가제트〉에서 손만 나오는 악당이 책상을 쾅쾅 치며 "Eliminate him!"하고 말하는데 나중에 알고 보니 "그를 없애버려!"라는 뜻이었습니다. 이 과정을 통해 'eliminate'란 단어도 평생 잊지 못할 단어가 되었습니다.

이렇게 아이들도 유추하며 단어들을 깊게 새기게 되는데 그런 과정 없이 먼저 한글자막을 본다는 것은 언어를 배우는 핵심 원리인 추리하는 과정을 놓치게 되는 결과를 가져오게 됩니다. 결국 좀 더 빠른 길 같지만 우리 아이들의 소중한 시간을 낭비하는 선택이 될 수 있습니다. 한글 자막이나 더빙으로 편안하게 영상을 본 아이들은 무자막 영상의 답답함을 계속 느끼게 되고 이것은 결국 무자막 영상을 싫어하게 되는 결과를 낳게 됩니다.

간혹 영상의 중요성을 무시하고 원서로만 진행하시는 분들이 계십니다. 영화 한 편의 스크립트 양은 중편소설 한 권 분량이라고 합니다. 영화 한 편을 매일 보게 된다면 중편소설 한 권 분량의 영어 노출이 계속 이루어지게 되는 것입니다. 외국어를 배울 때 가장 중요한 것은 바로 노출의 양입니다. 이렇게 중편소설 한 권 분량을 매일 노출한 것과 그림책 원서 몇 권 읽는 것과는 나중에 어마어마한 차이가 나게 됩니다.

그리고 원서의 경우는 부모님 또는 CD의 원어민 성우가 또박또박 읽어줍니다. 그런데 실제 상황에서는 이렇게 또박또박 말해주는 사람들은 없습니다. 마치 랩을 하듯 빠르게 말합니다. 실생활에서 바로 적용 가능한 구어체의 스피디하고 자연스러운 영어를 배우는

데 아쉬움이 있다는 것입니다.

원서 읽는 것 정말 중요합니다. 읽고 쓰는 언어 습득을 위해 놓칠 수 없는 부분입니다. 그런데 원서만으로 영어 노출을 하신다면 엄청난 양의 원서를 읽어야 하고 이것은 결코 쉬운 일이 아닙니다. 원서와 영상은 서로 병행할 때 비로소 큰 시너지 효과를 낼 수 있습니다.

무자막 영상은 쉬운 영상부터?

"엄마, 나 오늘 마블 영화 볼래."

"아휴, 그 영화 엄마도 무슨 소린 줄 하나도 못 알아듣겠는데, (〈페파피그〉 가리키며) 이런 쉬운 거 보면 안 돼?"

반대의 상황도 있습니다.

"엄마, 나 〈뽀로로〉 볼래!"

"네가 아기도 아니고 맨날 그런 쉬운 영상만 보니? (〈토이스토리〉 가리키며) 이런 것도 좀 보고 해야지."

엄마표 영어와 관련된 많은 유튜브 영상과 책에서 하나같이 말하는 것이 있습니다. 무자막 영상을 처음 시작할 때는 아이가 이해할 수 있도록 천천히 말하고 자극 없는 쉬운 영상부터 시작하라고 말이

죠. 〈까이유〉나 〈페파피그〉 그런 영상들을 말하는 것이겠지요? 하지만 대사 스크립트를 보게 되면 이 영상들도 결코 쉽지는 않습니다. 그런데 엄마들이 좋아하는 정서상으로 안정되고 순한 영상들이겠지요. 이런 영상들을 우리 아이가 처음부터 잘 보고 즐거워해 준다면 얼마나 좋을까요? 하지만 아주 유아 때부터 시작하는 친구들이 아니라면 대부분은 이런 영상을 시시해 하고 재미없어 합니다.

초반에는 '쉬운 영상을 봐야 해', '순한 영상을 봐야 해' 거기에 너무 얽매이지 마시기 바랍니다. 빠르고 현란한 영상도 괜찮습니다. 엄마표 영어의 핵심은 소리 노출이기 때문에 많은 소리와 맥락이 아이에게 들어가야 합니다. 그런데 쉬운 영상만 고집하다가 아이가 재미 없다고 영상 시청을 거부한다면 이것은 우리 아이에게 더욱 큰 손해가 됩니다. 영화관에서 봤던 것, 이미 한글로 많이 봐서 무자막이 답답하지 않는 영상을 먼저 골라 주세요. 아이는 절대 이해 가지 않는 영상은 시청하지 않습니다.

언어 습득 연구의 권위자 스티븐 크라센(Stephen Krashen) 교수님 말씀에 따르면 아이들이 언어를 잘 습득할 때는 '낮은 불안 환경에서 이해할 수 있는 입력'을 받는 경우라고 합니다. 아이에게 백날 CNN 뉴스를 틀어준다고 아이의 언어가 습득되지 않습니다. 내가 봤던 영상의 소리, 내가 읽었던 원서의 소리 등 편안한 환경에서 아이가 이해할 만한 콘텐츠의 지속적인 노출이 중요합니다. '낮은 불안 환경에서 이해할 만한 소리의 지속적 노출' 이것이 언어를 습득하기 위해 필요한 절대 원칙인 것입니다.

코칭을 해보니 쉬운 영상들은 노출 2, 3년 뒤 아이들이 스스로 찾아서 보더라고요. 이제는 어느 정도 말을 알아들을 수 있으니 다소 조용해 보이는 영상도 소리를 잘 들어가며 재미있게 보게 되는 것입니다.

"처음부터 현란한 영상을 보게 되면 나중에 잔잔한 영상은 보지 않으면 어쩌죠?"

절대 그렇지 않습니다. 이것은 엄마표 영어 노출이 짧게 되었을 때의 이야기지 몇 년 동안 지속되는 경우에는 쉬운 영상, 잔잔한 영상도 나중에 다 잘 보게 된다고 자신있게 말씀드릴 수 있습니다. 영상 소리 노출이 엄마표 영어의 핵심이기 때문에 무조건 아이가 좋아하는 영상으로 틀어주시고 시작하시면 됩니다. 물론 폭력적이고 정서상으로 좋지 않은 영상들은 어머님들이 현명하게 골라 내실 줄 믿습니다. 책 후반 〈부록 1. 재미와 교육 모두 잡는 추천 영상 50〉을 참고하시기 바랍니다.

항상 같은 영상만 봐요 VS 한 번 본 영상은 다시 안 봐요

"선생님, 아린이가 한 영상만 몇 달째 보고 있어요."

"그 영상 틀어 놓고 집중하지 못하고 앞에서 장난감 갖고 논다든가 좋아하는 장면만 넘기고 돌려 본다든가 하나요?"

"네."

"그렇다면 비슷하게 좋아할 취향의 다른 영상으로 바꿔 주셔야 합니다."

아이는 그냥 익숙해서, 다른 영상 찾기가 귀찮아서 계속 한 영상을 보고 있을 수 있습니다. 이때는 새로운 영상으로 바꿔 주시는 것이 좋습니다. 그러나 몇 달째 보고 있지만 늘 집중해서 재미있게 본다면 그대로 두셔도 좋습니다. 아이는 영상의 세세한 뜻과 의미까지 반복해서 보며 계속 습득해 나가고 있는 중입니다. 몇 달째 호기심이 풀릴 때까지 계속 보다가 자연스럽게 다른 영상으로 넘어가는 것을 보게 됩니다. 이렇게 자연스럽게 넘어가는 것을 엄마가 계속 간섭하고 잔소리하게 된다면 아이는 영상 보는 것이 싫어지게 되고 숙제처럼 느껴질 것입니다.

반대로 늘 새로운 영상만 찾는 아이도 있습니다. 한번 본 영상은 절대 다시 보지 않는다고 하죠. 엄마들은 정글의 하이에나처럼 늘 아이가 좋아할 새로운 영상들을 찾느라 분주합니다. 이런 분들은 이런 분들대로 걱정하십니다.

"한 가지만 계속 봐야 좋은 것 아닌가요? 이렇게 매번 다른 영상을 봐도 되나요?"

"네. 됩니다."

아이들마다 제각각 취향들이 모두 다릅니다. 그 취향에 맞게 과정들을 잘 연계해 주는 것이 중요한데 매번 새로운 영상을 보는 친구는 몇 년의 큰 흐름으로 반복 시청이 일어난다고 보면 됩니다. 1, 2년 뒤에는 봤던 영상을 또 보게 됩니다. 그렇게 되면 처음에는 들리지 않았던 내용과 의미들이 다시 새롭게 들리고 어느 순간 마침내 알아듣게 됩니다. 최소 1시간 정도 영상에 빠져 집중해 본다면 같은 영상을 몇 달째 보든 매일 다른 새로운 영상을 보든 신경 쓰지 않으셔도 됩니다. 오직 우리 아이가 재미있게 보고 있는지만 체크해 주세요.

다만 넷플릭스를 보면 〈이즈 잇 케이크?〉, 〈도전! 용암 위를 건너라〉같은 예능 프로그램들이 있습니다. 디즈니 영화와 같은 스토리 중심 영상이 아니라 게임하고, 즐기는 우리의 〈무한도전〉, 〈런닝맨〉 같은 프로그램들인 것이죠. 이것을 주로 본다면 부모님의 지도가 필요합니다. 노출 초반 우리 아이들은 최대한 다양한 상황에서 나오는 여러 어휘를 접해 보아야 합니다. 하지만 예능 프로그램들은 나오는 어휘들이 한계가 있습니다. 노출한 지 3, 4년이 지나 그야말로 휴식을 위해 이러한 예능 콘텐츠를 소비한다면 모를까 초반에는 스토리 위주의 영상을 보게 해주시기 바랍니다. 그런데 아이가 정말 많이 보고 싶어 한다면 주말 정도에 잠깐씩 보여 주시면 좋을 듯 합니다.

무자막 영상은 하루 얼마나 보여줘야 하나요?

매일 보는 무자막 영상 노출시간은 최소 하루 1시간에서 최대 1시간 30분 정도가 좋습니다. 요즘은 영화 상영시간이 많이 길어졌지만 디즈니 영화의 경우 대개 1시간 30분 정도의 러닝타임입니다. 영상의 스토리에 푹 빠져서 온전히 몰입해서 보면 가장 좋습니다.

하지만 아이들의 컨디션에 따라 어떤 날은 집중하기도 하고 어떤 날은 돌아다니기도 할 것입니다. 중요한 것은 최소 1시간은 매일 꾸준히 볼 수 있게 해주셔야 합니다. 1시간을 연결해서 쭉 봐야 할까요? 아닙니다. 30분으로 두 번 끊어 봐도 괜찮습니다. 넷플릭스나 디즈니플러스 등 OTT 서비스에는 시리즈물이 많이 있습니다. 시리즈의 한 편은 대개 20분 정도 됩니다. 그럴 경우 세 편을 보면 됩니다.

DVD로 보는 것과 OTT 서비스로 영상을 시청하는 것은 좀 차이가 있습니다. DVD로 보게 되면 이것저것 중간에 바꿔서 보기가 번거롭기 때문에 한 영상을 진득하게 보게 되는 효과가 있습니다. DVD는 시작과 끝이 있기 때문에 한편이 끝나면 마무리를 하고 자리에서 일어날 수 있습니다. 또한 케이스가 있고 손에 만지고 잡히는 물건이기 때문에 아이들이 직접 표지 케이스를 보고 고르는 맛이 있습니다. 그러나 스크래치가 있으면 튈 수 있고 화면 해상도 등이 OTT 서비스에 비해 좋지 않습니다.

그에 비해 OTT 서비스는 화질도 깨끗하고 수많은 다양한 콘텐츠들이 있어 우리 아이들 선택을 기다립니다. 하지만 이것이 단점이 되어 하나를 진득하게 보지 못하고 이것, 저것 바꾸어 가며 보게 됩니다. 그리고 우리나라 콘텐츠들도 많기 때문에 자칫하면 영어 무자막 영상이 아닌 한국 예능, 드라마 등을 몇 시간 동안 시청할 우려가 있습니다. 명확히 딱 끝나는 시간이 없고 이것저것 틀면서 계속 시청이 가능하기 때문에 OTT 서비스를 이용하신다면 아이들에게 미디어 조절력과 자제력을 반드시 함께 길러줘야 합니다.

아이와 함께 보는 시간을 정하고 그 시간이 되면 아이가 스스로 영상을 끄고 일어날 수 있도록 지도해 주시기 바랍니다. 게임, 유튜브 등으로 요즘 시대는 자제력과 조절력이 가장 필요한 시대가 되었습니다. 구글 타이머나 알람 등을 사용하여 맞추어 놓은 시간이 되면 영상을 끌 수 있도록 해주세요. 영상을 끄기 전에는 "다인아, 5시 30분까지 보기로 했지? 10분 뒤에 끄는거야." 이렇게 미리 예고 해주세요. 서로 정한 규칙을 벽에 붙이고 포인트 스티커 같은 것을 사용하여 이 규칙이 잘 지켜졌을 시 작은 선물 또는 맛있는 간식으로 아이에게 칭찬을 해 주세요. 각 가정에 맞는 여러 가지 방법을 사용하여 미디어 조절력을 꾸준히 훈련해야 합니다. 영어 배우기에 좋은 콘텐츠가 너무나 많습니다. 이 도구를 잘 활용할 수 있게 되기를 바랍니다.

애니메이션을 보여줘야 하나요? 실사 영화를 보여줘야 하나요?

디즈니 애니메이션을 더빙하는 원어민 성우들은 정말 또렷하고 정확한 발음을 합니다. 모든 애니메이션 더빙은 배우가 직접 하는 경우도 있지만 대개는 전문 성우들이 녹음하기 때문에 듣기 편하고 정확한 발음을 합니다. 무자막 영상을 보는 초반기에는 이렇게 또렷한 발음을 들으며 귀를 훈련시켜 나가는 것이 좋습니다. 하지만 재미있게 보는 것이 가장 중요하기 때문에 배우들이 직접 연기하는 실사 영화를 시청하게 하는 것도 괜찮습니다.

그런데 무자막 영상을 시청한 지 2, 3년째가 되었는데도 계속 애니메이션만 본다면 이제는 배우들이 실제 연기하는 실사 영화도 추천해 주시기 바랍니다. 〈닥터 두리틀〉, 〈쥬만지〉, 〈찰리와 초콜릿 공장〉, 〈해리 포터〉 등과 같은 영화도 좋고 시트콤도 좋습니다. 아이들이 조금 낯설어 한다면 당분간은 함께 시청해 주시기 바랍니다. 우리 아이들은 엄마, 아빠와 함께 하는 것이라면 무엇이든 즐겁게 할 수 있기 때문입니다.

듣기 능력을 높이려면 다양한 소리들을 많이 들어보는 것이 중요한데 실사 영화를 보게 되면 생생한 인도식, 남미식, 유럽식, 일본식, 중국식 다양한 악센트와 리듬의 영어 소리를 들을 수 있습니다. 듣기의 스펙트럼이 넓어진다고 볼 수 있겠지요. 해외에 나가게 되면 애니메이션으로 들었던 또렷한 발음의 미국식 영어를 쓰는 사람들은 거의 찾아볼 수 없습니다.

언어별 사용자를 집계하고 있는 기관인 에스아이엘 인터내셔널(SIL International)의 〈에쓰놀로그(Ethnologue)〉에 따르면 영어를 제2언어로 사용하고 있는 사람들의 수는 약 5억 5백만 명으로 모국어 화자와 합쳐 전체 8억 4천만 명에 이른다고 합니다. 영어를 외국어로 사용하고 있는 사람들의 수는 훨씬 많은데 그 통계는 정확하게 나온 바가 없지만, 일부 학자들이 확장 서클이라 부르는 이 그룹은 최대 10억 명에 달할 것으로 추측되고 있습니다. 따라서 영어를 모국어나, 제2언어, 또는 외국어로 사용하는 세계 인구가 대략 20억 명, 즉 세계 인구의 3분의 1 가량이 될 것으로 추산하고 있습니다.

출처 : [네이버 지식백과] 영어의 갈래와 사용 현황(세계 언어 백과, 이성하, 김은정)

세계 인구의 3분의 1 가량이 영어를 사용하고 있다니 얼마나 다양한 모국어 악센트들이 영어발음 안에 녹아 있을까요? 실사 영화를 재미있게 보면서 그러한 부분들을 찾아보는 것도 쏠쏠한 재미가 될 듯합니다.

많이 읽어야 합니다

집중 듣기(청독)의 중요성

'집중 듣기(청독)'란 무엇일까요? 집중해서 듣는 것일까요? 엄마표 영어의 집중 듣기란 '원서를 볼 때 CD 등 음원을 틀어놓고 손가락으로 그 소리에 해당하는 문자를 짚으며 책을 읽는 독서법'입니다. 그렇다면 이 집중 듣기는 대체 어떤 점이 좋길래 그렇게 많이 거론되고 있는 것일까요? 우리가 아이를 키울 때 한글 동화책 수백 권을 아이한테 읽어줍니다. 아이는 아직 그 책을 읽을 수 없습니다. 엄마의 소리를 통해 이야기를 추측하고 상상해 나갑니다. 그 안에 있는 모든 문장과 단어가 해석되고 이해되는 것은 아닙니다. 그저

스토리의 큰 흐름을 따라가며 재미있게 이야기를 즐깁니다. 원어민 아이들도 어렸을 때부터 가정과 학교에서 많은 양의 동화책을 읽으며 자랍니다.

이렇게 엄마가 읽어준 책을 많이 듣고 자란 친구는 자연스럽게 많은 어휘를 알게 되고 한글도 깨우치게 됩니다. 집중 듣기도 똑같은 원리입니다. 아이는 아직 영어 글자를 읽지 못합니다. 하지만 엄마가 읽어주는 소리 또는 CD 속 원어민 소리를 따라가며 스토리를 즐기게 되고 큰 흐름을 이해하게 됩니다. 문맥속에서 자연스러운 단어의 쓰임새들을 익히게 됩니다. 또한 소리와 문자를 계속 매칭하며 책을 읽는 동안 아이들은 문자와 소리의 관계를 자연스럽게 깨우치게 됩니다.

엄마가 읽어주는 책을 많이 듣고 자란 경험 없이 처음부터 한글 자음과 모음으로 글자를 배운다면 아이는 얼마나 괴롭고 힘들까요? 영어도 마찬가지입니다. 충분히 원서 집중 듣기 하지 않고 처음부터 파닉스(Phonics : 알파벳이라는 '글자'와 알파벳이 내는 '소리'를 연결하여 배우는 영어 학습법) 교재로 문자와 소리를 동시에 익힌다면 아이에게는 너무 낯설고 무슨 암호 기호처럼 느껴질 것입니다.

집중 듣기를 꾸준히 진행하면 자기도 모르게 소리와 문자의 관계를 깨닫게 되어 간단한 문자들은 서서히 읽어 나가기 시작합니다. 파닉스라는 것은 원어민 아이들도 학교에서 배우는데 우리 아이들과의 차이점은 무엇일까요? 원어민 아이들은 이미 소리에 충분히 노출이 되어서 해당 언어의 의미는 소리로 다 알고 있다는 것입니다. 파닉스는 더 정확히 말하면 '이미 알고 있는 소리와 문자와의 관계를 배우는 것'이라고 할 수 있습니다. 소리를 이미 알고 있는데 그 소리를 쓰는 방법을 배우게 되는 것입니다.

모국어와 똑같습니다. 엄마, 아빠를 소리로 모두 알고 있고 나중에 한글로 익혀 나가게 되는 것이지요. 집중 듣기는 원어민이 읽어주는 소리와 함께 문자를 따라가며 보는 것이기 때문에 아직 스스로 문자를 읽기 전에 많은 양의 책을 볼 수 있게 합니다.

아이들은 듣기 능력이 문자를 읽고 쓰는 능력보다 월등합니다. 이것을 이용해서 본인의 현재 문자 인지 수준보다 높은 수준의 책을 음원과 함께 스토리를 좇아가며 재미있게 보게 되는 것입니다. 소리를 듣다 보면 원어민이 발음하는 연음이나 억양, 리듬감 등을 자연스럽게 익힐 수 있습니다. 이렇게 초반에 집중 듣기로 많은 양의 텍스트 노출이 되고 나면 1, 2년 후 자연스럽게 책을 소리 내어 읽을 수 있게 됩니다. 만약 읽는 것이 힘들다면 시중에 나와있는 파닉스 교재로 한번 간단히 훑어 주면 됩니다. 아이는 이미 소리로는 의미를 알고 있기 때문에 쉽게 교재를 볼 수 있습니다.

집중 듣기의 또다른 장점은 소리와 함께 책을 읽기 때문에 문장을 끊어 앞으로 갔다 뒤로 갔다 한국어 어순에 맞게 해석하며 보는 것이 아니라 말그대로 직독직해 영어 어순으로 그대로 문장들을 받아들이고 의미를 이해할 수 있게 된다는 점입니다. 이것은 나중에 입시 영어에서 긴 장문의 독해를 훨씬 수월하게 할 수 있는 밑바탕이 됩니다. 또한 문법에 맞는 문장들을 계속 노출해 가고 있기 때문에 간접적으로 문법 규칙을 체득해 나갈 수도 있습니다.

그럼 이렇게 여러가지 효과가 높은 집중 듣기를 하루 얼마나 해야 할까요? 우리들은 누군가 딱 정해 주는 것을 정말 좋아하지요? 집중 듣기는 하루 최소 20~30분 정도 하기를 권해 드립니다. 이 시간은 아이들이 원서에 대한 흥미, 그 동안 쌓아 왔던 책 읽는 습관 등에 따라 적어질 수도 많아질 수도 있을 것입니다. 처음엔 하루 5~10분부터 시작해 주세요. 매일 습관이 들때까지는 엄마가 옆에서 함께 책을 봐 주시기 바랍니다. 또한 반복 독서를 통해 자연스럽게 의미 유추가 높아지고 따로 암기를 하지 않아도 많은 단어를 익히게 되니 같은 책을 여러 번 읽는 것이 큰 도움이 됩니다.

원서는 '웬디북(www.wendybook.com)' 사이트에 접속하시어 북레벨(AR*) 1.0 이하부터 차근차근 보시고 아이가 좋아할 만한 책을 골라 보시면 됩니다. 뒤편 부록에 음원이 있는 추천 원서를 정리해 놓았습니다. 참고해 주시기 바랍니다. 원서 구매가 부담스러울 수 있습니다. 요즘엔 공공도서관에도 영어책이 많고 '개똥이네(www.littlemom.

---

* AR : 미국의 르네상스 러닝 사에서 개발한 지수로 책의 난이도와 길이를 기반으로 하며, 학생들이 자신의 독서 수준에 맞는 책을 선택할 수 있도록 돕습니다. 예를 들어 2.2는 미국 현지 기준 초등학교 2학년 2개월인 아이가 읽기에 적합한 도서라는 의미입니다.

co.kr)'에서 중고 원서를 구매하셔도 됩니다.

엄마표 영어의 가장 큰 핵심 활동 두 가지는 '무자막 영상 시청' 과 '원서(집중 듣기)'라고 할 수 있습니다. 이렇게 집중 듣기와 영상만을 통해서도 많은 단어를 배워나갈 수 있지만, 추가적으로 기초 어휘 책을 통해 단어를 보충해 준다면 더할 나위 없이 좋습니다. '이게 공부가 되나?'하는 엄마의 불안감도 낮출 수 있고요.

기초 어휘 책을 통해 배운 단어가 원서에도 나오고, 영상에도 반복적으로 나오기 때문에 아이들의 이해도가 높아지게 됩니다. 어휘 책은 해당 단어의 이미지까지 함께 나오는 것이 좋습니다. 영국 DK(Dorling Kindersly)사의 《My First Dictionary》는 세이펜(원어민 음성이 나오는 펜)과 CD가 모두 있기 때문에 집중 듣기 형식으로 자주 반

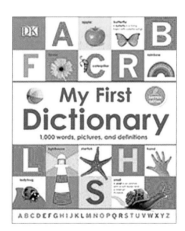

출처 : DK사의 My first dictionary / 애플리스 외국어사

출처 : 초등 영단어, 단어가 읽기다 / 예스24

복해서 보게 해 주시면 어휘 습득에 매우 효과적입니다. 어휘 책을 고를 때는 한글과 영어가 일대일로만 매칭되어 있는 책이 아니라 문장이 있어 문맥 속에서 자연스럽게 단어를 배울 수 있는 형태의 책이 좋습니다.

손가락으로 꼭 따라가야 하나요?

"이현아? 너 어디 보고 있어?"
"응? 여기 여기."
"아니잖아. 엄마가 손가락 짚으면서 집중해서 보라고 했지?"

아이 얼굴은 금방 뾰로통해집니다.

원서의 음원을 들으며 함께 읽는 집중 듣기는 엄마표 영어에서는 빼놓을 수 없는 활동입니다. 서울교육대학교 영어교육과 노경희 교수님은 이것을 '읽듣기(ReaStening)'라고 표현하기도 하셨습니다.

여기서 궁금한 점은 집중 듣기 할 때 '손가락으로 꼭 글자를 따라가며 원서를 보아야 하는가?'입니다. 손가락으로 따라가며 집중 듣기 하는 것을 싫어하고 귀찮아하는 아이들이 종종 있습니다. 아이들이 싫어하니 안 하는 것이 좋을까요?

손가락으로 따라가지 않아도 되는 아이가 있습니다. 바로 음원과 함께 반짝반짝한 눈으로 원서를 즐겁게 읽는 아이입니다. 시작하고 2, 3년 이상 된 아이들이 서서히 이런 모습을 보이기도 하지만 재미를 알기 전 진행 초반에는 집중력을 유지하며 소리와 글자 매칭을 계속해서 하는 수고가 필요합니다. 손가락으로 따라가지 않으면 보통 아이들은 집중력을 쉽게 잃게 되기 때문입니다. 멍하니 소리만 듣고 있다가 책 넘김 띵동 사인을 듣고 급하게 책장을 넘기게 되는 것이지요.

손가락이 힘들다면 자를 이용해서 한 줄 한 줄 내려가도 좋습니다. 좋아하는 인형 손, 예쁜 젤펜 뒤꼭지 등으로 글자를 따라가도 좋습니다. 아이가 파닉스를 깨우쳐 스스로 소리 내어 읽게 되고, 원서의 재미를 알아가기 전까지는 글자를 짚으며 집중 듣기 할 수 있게 해주세요. 그래야 효과를 최대한으로 끌어 올릴 수 있습니다.

아이가 원하는 책만 보면 되는 것 아닌가요?

아이를 키워 보신 분들은 아실 거예요. 맨 처음에는 분유나 젖을 먹습니다. 좀 더 크면 이유식을 먹입니다. 그러면서 다양한 음식의 질감과 형태를 맛보게 합니다. 이유식을 잘 진행한 아이들이 된밥과 채소, 고기, 김치 등을 골고루 맛있게 먹게 됩니다. 아이의 기질과 성향에 따라 다르지만 이유식 때 충분한 음식 경험을 하지 못한 아이들은 덩어리 음식을 거부하고 편식이 심해지기도 합니다.

원서도 마찬가지입니다. 유아 시기에는 본인이 원하는 책만 수십 번 보고 읽어도 좋습니다. 이때는 젖을 먹으며 엄마의 사랑을 마음껏 느끼고, 세상을 탐색하는 시기이니까요. 하지만 유치원, 초등학생이 되면 이제 이유식을 먹어야 할 때입니다. 잘게 썬 채소도 먹어보고, 고기도 씹어 보고, 과일 같은 것도 먹어 보아야 합니다.

베스트셀러, 스테디셀러에는 다 이유가 있습니다. 책이라고 다 같은 책이 아닙니다. 읽기 쉽다고 난이도가 단계에 맞게 조절된 리더스북만 읽어서는 아이의 사고력, 어휘력 성장을 놓칠 수 있습니다. 리더스북뿐만 아니라 다양한 그림책, 챕터북을 보며 폭넓은 어휘와 문장 구조들을 접해보아야 합니다.

학교 교과서는 재미없는데 왜 읽어야 할까요? 초등학생이 된 이상 재미 이상의 사고력 향상에 초점을 맞추셔야 합니다. 아이가 좋아하는 원서 충분히 볼 수 있게 해주세요. 하지만 수십 년 동안 검증된 스테디셀러도 꼭 함께 보여 주시기 바랍니다.

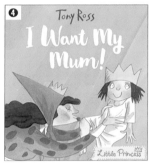

출처 : ❶ 클리포드, ❷ 리틀크리터, ❸ 베렌스타인 베어, ❹ 리틀프린세스, ❺ 아서 어드벤처,
❻ 미스터 푸터 앤 태비 / 웬디북

논픽션(Nonfiction)은 언제 보여 주나요?

몇 년 전부터 비문학은 뜨거운 감자입니다. 수능 국어, 영어에
서 많은 수험생들을 좌절시켰던 문제가 바로 비문학 문제들이었습
니다. 이 소식에 깜짝 놀란 초등 학부모들은 자녀들에게 비문학을
공부시키기 시작했고 이것에 발맞추어 서점에는 각종 초등 비문학
문제집들이 넘쳐나게 되었습니다.

비문학(논픽션)은 과학, 경제, 사회, 역사 등 실제적인 사실에 기반을 둔 콘텐츠입니다. 지식 탐구를 즐기고 관찰을 좋아하는 아이들은 작가의 상상력을 기반으로 한 문학작품(픽션)보다 논픽션 책을 더 즐겨보고 좋아하기도 합니다. 논픽션 책에는 풍부한 사진 자료들이 있습니다. 주로 시각 자극에 민감한 남자아이들이 논픽션 책을 더 좋아하는 듯합니다.

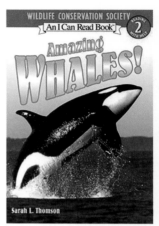

출처 : 어메이징 웨일즈 / 웬디북

그런데 이 논픽션 영어책을 영어 시작하는 초반에 읽어도 좋을까요? 한국어 책 읽기로 예를 들어 보겠습니다. 아직 책에 대한 경험과 다양한 배경지식이 없는 4살 아이에게 '개구리의 일생'에 관한 책을 읽어 준다고 해봅시다. 물론 쉬운 어휘의 논픽션 책도 있지만 대부분의 책들은 아이들이 평소에 많이 접해보지 않은 어휘

출처 : 스파이더즈 / 웬디북

를 쓸 확률이 높습니다. '개구리의 일생'만 해도 '일생'이라는 말 자체가 아이들에게 생소합니다. 그 안에는 '알이 부화된다', '암컷', '수

컷', '짝짓기' 등 알쏭달쏭한 말들이 가득합니다. 이렇게 생소한 어휘만 가득한 책을 보는 아이들이 '책이 재미있다. 또 읽고 싶다'라는 생각이 들 수 있을까요?

영어 논픽션 책을 읽기 위해서는 우선 스토리 책을 충분히 집중 듣기 하거나 소리 내어 읽거나(음독), 마음 속으로 읽으며(묵독) 영어 문장에 대한 많은 경험을 먼저 할 필요가 있습니다. 그렇게 1, 2년 정도 시간이 지난 후에 서서히 아이의 수준과 취향에 맞는 논픽션 원서들을 읽어 보는 것입니다. 논픽션은 스토리가 아닌 만큼 집중 듣기를 통해 큰 흐름으로 맥락을 따라가며 유추하기가 쉽지 않습니다. 어려운 단어들은 사전을 찾아보고 이해를 하며 넘어가는 정독을 하면 좋습니다. 이렇게 영어 논픽션 책의 한글 뜻을 찾아 나가며 아이와 함께 읽다 보면 느끼실 거예요. '아, 영어가 문제가 아니라 한글이 더 문제구나.' 논픽션 단어들은 한자 어휘가 많습니다. 영어 단어를 배우며 한글 어휘 공부도 함께 하는 것이지요. 원서만 많이 읽는 것이 우리 아이 영어 실력을 올려줄 만능 치트키가 아닙니다. 언제나 모국어 책과 함께 갈 때 우리 아이의 빠른 영어 실력 향상이 가능하게 됩니다.

많이 말해 보아야 합니다

쉐도잉을 꼭 해야 하나요?

아기들은 돌 전후로 옹알이부터 시작해 단어들을 하나씩 내뱉기 시작합니다. 듣기가 넘쳐나니 입에서 말들이 흘러나오는 것이지요. 영어도 마찬가지입니다. 많은 영어 소리를 듣게 되면 입에서 단어부터 튀어나오기 시작합니다. 영어가 모국어만큼 많이 노출된다면 자연스럽게 이 과정을 두면 좋을 텐데 한국에서는 영어를 일부러 찾아 듣지 않으면 전혀 들을 수 없는 EFL(English as a Foreign Language) 환경이기 때문에 적절한 말하기 훈련이 필요합니다.

아이들이 영어 문자를 스스로 읽게 되기 전까지는 쉐도잉(그림자처럼 소리를 들으며 입으로 따라 하는 동시통역사들이 주로 하는 훈련법)을 통해 영어 말하기 연습을 하면 좋습니다.

아서 어드벤처 원서 쉐도잉 영상

영어와 한국어는 말하는 입근육이 다릅니다. 우리는 주로 모국어인 한국어를 쓰기 때문에 쉐도잉으로 영어를 말할 때 쓰는 입근육 훈련이 꾸준히 되어야 하는 것입니다.

쉐도잉 훈련의 효과가 알려지면서 많은 사람들이 시도합니다. 하지만 제대로 하려면 우선 듣기가 잘 되어야 합니다. 잘 들리지도 않는데 그 소리들을 그림자처럼 따라 할 수는 없기 때문입니다. 무자막 영상 노출 초반부터 아이에게 쉐도잉을 시키면 안 됩니다. 영상에 흥미를 보이고 집중도가 높아져서 외마디 말들을 따라 하고 입에서 자연스럽게 툭툭 튀어나온다면 그때쯤 쉐도잉을 시도해 볼 수도 있을 것입니다. 아이들이 처음 쉐도잉하는 모습을 보면 정말 다양한 모습을 볼 수 있습니다. 처음엔 제대로 잘 따라 하지 못하지만 신기하게도 조금씩 따라잡는 단어들이 늘어나고 악센트와 인토네이션이 점점 자연스러워지는 것을 관찰할 수 있습니다.

쉐도잉하는 처음 모습과 몇 달 뒤 모습을 비교해 보면 놀랄 때가 많습니다. 소리 노출이 계속되고 연습이 꾸준히 되기 때문에 문장 정확도가 높아집니다. 그러나 입근육 발달이 아직 더뎌 모국어도 제대로 발음하지 못하는 유치, 저학년 아이들의 경우 고학년들보다 문장 정확도가 낮은 편입니다. 짧은 단어들은 더 원어민스럽게 자연스러운 발음이 나오기는 하지만 문장 쉐도잉을 하기 위한 순발력과 민첩성이 아무래도 큰 아이들보다는 떨어지기 때문입니다. 하지만 아무리 정확도가 낮게 나오는 아이라도 1, 2년 뒤에 같은 책의 쉐도잉을 다시 시켜보면 잘 따라하는 것을 볼 수 있습니다. 그러니 잘 안 된다고 걱정하지 마세요. 모든 것은 시간과 연습과 노출 양이 해결해 줍니다.

아이가 영어로 말하기 시작했어요!

"Mommy(마미), Mommy(마미)."
"I want some milk(아이 원 썸 밀크)."
"Where is the milk(웨얼 이즈 더 밀크)?"
"뭐라고? 우유 달라고?"

영어 노출 1년이 채 안 되어 영상에서 보았던 문장을 따라 하며 아웃풋이 서서히 시작되는 아이들이 있습니다. 이 순간을 위해 엄마표 영어 하는 것이 아닐까요? 하지만 이때 유의하셔야 할 것이 있습니다. 바로 아이가 말하는 문장을 고쳐주지 않는 것입니다.

아이한테 올바르고 정확하게 알려 주고 싶은 마음이 분명 있으실 것입니다. 하지만 아이가 원하지도 않는데 아이가 구사한 영어의 문법적 오류를 계속 고쳐준다면 아이는 점점 입을 닫게 될 것입니다. 처음 우리 아이가 옹알이할 때 "오구오구 그랬어?" 했듯이 영어도 똑같이 반응해 주시고 격려해 주시기 바랍니다.

간혹 아이가 영어로 말을 걸어오면 엄마도 영어를 같이 해야 하지 않을까 생각하실 수 있습니다. 그래서 시중 '엄마표 생활 영어' 책이나 영상을 보며 공부합니다. 안 외워지는 표현들은 포스트잇에 써서 벽에 붙이고 읽어보며 열심히 연습하지요. 그런데 아이는 엄마가 영어로 대답을 하는지는 그다지 중요하게 생각하지 않습니다. 소통 자체를 원하기 때문에 한국어로 답해주고 한국어로 소통하셔도 괜찮습니다.

굳이 아이와 영어로 소통하고 싶다면 매일 한 문장 "How was your day(하우 워즈 유얼 데이)?" 이 말 하나만 해주셔도 됩니다. 그럼 아이 입에서 나오는 단어와 문장들이 시간이 지남에 따라 점점 늘어나는 모습을 보게 되실 것입니다. 책 후반 〈부록 3. 엄마와 함께 하는 실생활 영어 표현〉을 참고하시기 바랍니다.

이제는 소리 내어 읽을 차례입니다.

집중 듣기를 시작한 지 1~2년이 넘어가면 파닉스를 따로 배우지 않아도 스스로 읽어 내는 문자들이 늘어나게 됩니다. 그럼 이제 스스로 소리 내어 책을 읽어 내려가는 음독 과정으로 들어갈 수 있습니다. 처음 소리 내어 읽기 시작할 때는 아이가 봐도 "너무 쉬운 데? 할 만한데?"하는 책부터 시작하길 권해 드립니다. 1년 차 초반에 집중 듣기로 진행한 원서를 소리 내어 읽기 교재로 사용하면 좋습니다. 집중 듣기를 통해서 이미 내용은 알고 있는 책이기 때문에 글자에만 집중할 수 있습니다. 어떻게 발음이 되는지 알기 위해 '책을 보면서' 쉐도잉을 한 후 소리 내어 읽게 되면 듣기 훈련도 되고, 연음과 악센트, 인토네이션을 몸에 계속 체득할 수 있어 탄탄한 영어실력을 쌓아 나갈 수 있습니다.

본격적인 소리 내어 읽기 과정이 들어가기 전에 사이트 워드(sight word) 학습을 먼저 하면 좋습니다. 사이트 워드란 원서에 자주 나오

all	did	must	ride	under
am	do	new	saw	want
are	eat	no	say	was
at	four	now	she	well
ate	get	on	so	went
be	good	our	soon	what
black	have	out	that	white
brown	he	please	there	who
but	into	pretty	they	will
came	like	ran	This	with
			too	yes

출처 : 사이트 워드, 구글https://northccs.com/misc/what-order-to-teach-sight-words.html

는 빈출 어휘를 정리해 놓은 것으로 파닉스 규칙과 맞지 않는 단어
들이 많습니다. 그래서 연습을 통해 한 번에 보고 바로바로 읽을 수
있게 되면 소리 내어 읽기가 훨씬 수월하게 진행될 수 있습니다. 사

스마트폰 안드로이드 사이트워드앱 검색

이트 워드는 스마트폰 앱을 통해서도 손쉽게 접할 수 있습니다.

칸 아카데미(세계적 수준의 교육을 무료로 누구에게나 어디에서든지 제공한다는 미션
을 가진 비영리기관) 키즈앱은 중간에 광고 노출이 전혀 없이 높은 퀄리티
로 파닉스와 읽기 학습을 재미있게 배울 수 있습니다. 잠깐의 여유

칸 아카데미 키즈 앱

시간에 유튜브 보게 하지 마시고 이 앱을 활용해 보시기 바랍니다.

이렇게 사이트 워드를 충분히 익히고 소리 내어 읽기를 하는데 책 한 권을 수월하게 리딩한다면 다른 책으로 넘겨주시면 됩니다. 그런데 비슷한 글 밥(책에 들어 있는 글자의 수)의 책들을 충분히 읽고 넘어가는 것이 중요합니다. 또 유창하게 읽을 수 있을 때까지 반복해서 읽으면 더욱 좋습니다. 더듬더듬 힘들게 읽는데 매번 다른 책으로 바꾸지 말고 원활하게 리딩이 될 때까지 여러 번 반복해서 읽어 문자를 눈에 익히게 해주세요. 반복 리딩 연습으로 유창함이 생기면 아이도 흥미를 갖게 되고 '나 영어 좀 잘하는데!'하는 자신감까지 얻게 됩니다. 잘 읽는다고 금방금방 글 밥을 높이게 되면 아이는 버거워하고 충분히 실력을 다지고 올라가지 못하게 됩니다. 아이의 상황을 보고 1~2개월 정도는 같은 수준의 책을 충분히 읽을 수 있도록 해주세요. 조금씩 천천히 단계를 높여 결국은 현재 집중 듣기하고 있는 책까지 소리 내어 읽기가 되면 되는 것입니다.

소리 내어 읽기가 많이 힘든 경우는 집중 듣기시 소리와 문자 매칭이 제대로 되지 않은 경우가 많습니다. 이럴 경우 파닉스 교재를 빠르게 한 번 훑어 주시기 바랍니다.

출처 : 스마트 파닉스 / 예스24

파닉스 교재는 가볍게 접근해 주세요. 한번 훑어보고 정리하는 느낌으로요. 아이들의 문자읽기는 파닉스 교재로 해결되는 것이 아니라 계속되는 소리 내어 읽기 연습으로 발전하기 때문입니다.

간혹 엄마의 지적에 틀릴까 봐 제대로 입을 열어 읽지 못하는 경우가 있습니다. 영어를 공부로서 정확하게 배워야 한다고 교육받아온 우리는 아이들이 잘못 읽는 것이 너무 불편

출처 : 기적의 파닉스 / 예스24

합니다. 바로 고쳐 주고 싶고, 가르쳐 줘도 계속 틀리게 읽는 단어들은 혼을 내서라도 빨리 수정해 주고 싶습니다. 하지만 모든 것은 우리 아이가 모국어를 어떻게 배웠는지에 답이 있습니다. 한글책을 처음 더듬더듬 읽었던 때를 생각해 보세요. 아이들이 언제까지나 그 글자를 잘못 읽지 않습니다. 집중 듣기가 계속 되고 영어 영상 노출이 계속되면서 아이들은 스스로 서서히 잘못 읽는 단어들을 수정해 나갑니다. 아이를 그냥 방치하라는 뜻이 아닙니다. 일주일에 한두 번 정도만 잘못 읽는 단어들을 부드럽게 살짝 수정해 주고 지난 번보다 늘었다고 잘하고 있다고 노력한 부분을 칭찬해 주시면 됩니다.

그럼 이 '소리 내어 읽기(음독)'를 매일 어느 정도 하면 될까요? 하루 15~20분 정도 하기를 권장 드립니다. 한번 직접 해보세요. 15~20분이란 시간은 결코 짧은 시간이 아닙니다. 아이들에게는 더더욱 긴 시간일 수 있겠지요? 이렇게 매일 소리 내어 읽는 동안 영어를 말하는 입근육 훈련이 계속 되게 됩니다. 영어는 결코 머릿속으로 이해하고 속으로 말한다고 늘게 되는 언어가 아닙니다. 자전거, 수영을 배우듯 직접 몸으로 계속 부딪히고 말하며 배우게 되는 언어인 것입니다. 이 활동은 영어 공부를 하는 내내 지속해야 합니다. 이 연습이 계속되는 동안 영어 말하기가 자연스럽게 입에 붙어서 외국인을 만나더라도 입에서 바로바로 영어가 튀어나올 수 있게 되는 것입니다.

영어 소리를 많이 들은 아이들은 대부분 발음이 좋습니다. 엄마표 영어를 꾸준히 진행한 친구들의 큰 특징이지요. 하지만 아이의 기질에 따라 그리고 고학년 아이들의 경우 소위 버터발음으로 영어 말하는 것을 부끄러워하거나 싫어하기도 합니다. 영어는 리듬 언어이기 때문에 부드럽게 원어민 소리와 최대한 비슷하게 발음하면 정말 좋은 일이지만 이렇게 똑같이 해보라고 다른 아이들의 발음을 들려주고 강요하는 것은 정말 최악입니다. 발음은 시간이 갈수록 점점 더 자연스러워지니 절대 다그치거나 혼내지 마시기 바랍니다. 노력하지 않는 불성실한 태도에 대해서는 훈육할지언정 엄마 욕심에 아이를 밀어 부치고 끌어당긴다면 아이는 영어에 트라우마가 생길 수 있습니다. 우리 부모의 역할은 힘주고 격려해주고, 함께 문제를 해결하면서 같이 가는 버팀목의 역할인 것을 항상 명심해야 하겠습니다.

가성비 뽑는 원어민 선생님 수업 시작 시기는?

우리 아이 원어민 선생님과 언제 만나게 하면 좋을까요? 문화센터, 과외 선생님, 영어 마을, 그룹수업, 일대일 화상 수업 등에서 원어민 선생님을 만날 수 있습니다. 요즘엔 AI 선생님까지 등장하기도 했습니다. 이렇게 원어민 선생님을 만나서 내가 머릿속으로 알고만 있던 영어를 입으로 뱉어 보고, 소통해 보는 기쁨을 누리는 것은 정말 중요한 활동입니다.

하지만 우리는 '가성비'라는 것을 따져 보지 않을 수 없습니다. 아이를 원어민과 만나게 하는 것은 큰 비용이 드는 일입니다. 부유한 가정에서는 한 달에 수백 만 원을 들여 원어민 선생님과 하루 종일 놀고 함께 공부하게 한다고 하는데, 대부분의 평범한 가정에서는 그럴 수 없습니다. 언제 원어민 선생님을 만나야 가장 '가성비 있게' 돈을 쓰게 되는 것일까요?

우선 말을 하려면 상대방이 하는 말을 알아 들어야 합니다. 이것이 첫 번째입니다. 그리고 두 번째는 입 밖으로 내가 아는 지식들을 꺼내서 상대방과 소통할 수 있어야 합니다. 결론적으로 원어민 선생님과 수업을 잘 하기 위해서는 많은 노출로 귀가 어느 정도 트여 있고, 상당한 어휘와 문장들이 머릿속에 있어 그것을 꺼낼 수 있는 상태여야 한다는 결론이 나옵니다.

원어민 수업을 생각하고 계시다면 우리 아이가 현재 어떤 상태인지 살펴보시고 시작하시기를 권해 드립니다. 통상적으로 무자막 영상이나 원서로 3년 이상 충분히 인풋을 한 후 원어민 선생님을 만나게 되면 소위 '뽕을 뽑을 수 있는' 확률이 높아진다고 보시면 됩니다. 너무 이른 시기에 하게 되면 어떻게든 바디랭귀지를 써서 소통은 할 수 있겠지만 큰 효과를 볼 수는 없습니다. 또한 원어민 수업과 함께 무자막 영상 시청, 원서 읽기 등 인풋 활동은 계속 되어야 합니다.

원어민 선생님과 화상 수업을 하게 된다면 최소 일주일에 1시간 정도(주 3회 20분 수업/주 2회 30분 수업)는 해 주시길 권해 드립니다. 그리고 가능하면 필리핀 선생님보다는 미국, 영국, 캐나다 등이 국적인 네이티브 선생님이 좋습니다. 물론 여기에는 비용적인 문제가 있으므로 각 가정의 상황에 맞추어 해 주시면 됩니다.

수업을 하기 전 교재 예습도 하고, 오늘 나눌 대화들을 정리해 보면서 모르는 단어들은 미리 찾아 놓습니다. 그러면 '어… 어… 이 단어가 뭐였지?' 하면서 지나버리는 아까운 시간들을 줄일 수 있습니다. 또한 소리 내어 읽기를 먼저 해서 입근육을 좀 풀어준 후 수업하면 좀더 유창하게 대화할 수 있습니다.

최근 챗지피티(ChatGPT)가 스마트폰 앱을 사용하여 AI와 음성으로 대화할 수 있는 부분을 무료화하였습니다. 그런데 챗지피티(ChatGPT)는 13세 미만은 사용이 불가하니 부모님이 주도해서 진행해 주셔야 합니다. 앱스토어에 들어가서 제조사 OpenAI(오픈에이아이)를 잘 확인한 후 깔아주세요. 구글 아이디로 로그인 후 대화할 취향에 맞는 목소리를 고르고 헤드셋 버튼을 누르면 대화할 수 있습니다. 자유롭게 영어로 대화를 나누어도 좋고 한국어로 "나는 영어를 배우고 있어. 내가 말한 문장들 문법 교정을 해주고, 한국어로 설명해 줘." 또는 "이 말은 어떻게 영어로 해? 내가 따라할 수 있게 5번 반복해서 천천히 말해 줘." 하면 친절하게 가르쳐 줍니다. 지금까지의 인공지능 목소리에 비해 상당히 자연스럽습니다. 더욱 놀라운 점은 내가 대화한 내용들이 모두 텍스트로 뜬다는 점입니다. 이 텍스트를 보면서 AI는 어떻게 영어로 말을 했는지 나의 문법적인 오류는 무엇이었는지 살펴보고 배울 수 있습니다. 실제 사람과 대화를 하는 것이 가장 좋겠지만 이렇게 AI와도 무료로 퀄리티 높은 영어 대화를 할 수 있어 우리 아이들이 영어를 배워 나가는 데 얼마나 유익한 줄 모릅니다.

많이 써봐야 합니다

어떻게 시작해야 할까요?

아이의 나이에 따라 다르지만 원
서와 영상을 노출한 지 최소 7, 8개월
정도 지나게 되면 조금씩 쓰기를 시도
해 볼 수 있습니다. 처음에는 영어 노
트에 알파벳부터 쓰기 시작합니다. 알
파벳 등 간단한 단어 쓰기 교재들은
많으니, 아이와 함께 서점에서 골라 보
세요. 고학년들은 이 과정을 건너뛰어

출처 : 알파벳 점선 따라쓰기 /
예스24

도 되겠지요? 쓰기를 시작할 때 주의해야 하는 것은 영어 노출 초반부터 들어가면 안 된다는 것입니다. 먼저 소리 노출을 시작하시고, 이것이 충분히 습관이 된 다음 조금씩 쓰기가 들어가면 됩니다. 되도록 진한 연필심(2B 또는 4B)으로 점선 알파벳을 꼼꼼하게 따라갈 수 있도록 해주세요.

처음부터 양을 많게 하지 마시고, 아이가 생각할 때 '이 정도는 쉽지!'하는 분량부터 시작해 보시기 바랍니다. 알파 세대(스마트폰이 대중화된 이후에 태어난 2010년대 초반부터 2020년대 중반까지 태어난 세대, 출처:네이버)들은 손가락 터치만으로 가능한 스마트폰과 태블릿이 너무나 자연스럽습니다. 더구나 요즘은 학교에서조차 디지털 교육을 실시하고 있어 예전만큼 노트에 필기 하는 과정들이 없기 때문에 쓰기를 싫어하고 힘들어하는 아이들이 많습니다.

특히 오감 자극에 예민한 아이들은 연필을 쥘 때 통증을 크게 느끼는 경우가 있습니다. 너무 아이를 다그치지 말고 조금씩 쓰는 분량을 늘려 주시면 됩니다. 하지만 매일매일 꾸준히 진행하시는 것이 중요합니다.

알파벳 쓰기가 익숙해진 후

알파벳 쓰기가 조금씩 익숙해지면 앞서 반복해서 눈으로만 보았던 기초 어휘 책(DK사의《My first dictionary》,《초등 단어가 읽기다》)의 단어를 직접 써보기 시작합니다. 영어 노트에 어머님이 단어들을 미리 써 놓으면 아이들이 따라 쓰기가 좋습니다. 영어 노트는 10줄, 12줄, 14줄이 있습니다. 유치, 1·2학년은 10줄, 3·4학년은 12줄, 5·6학년은 14줄의 영어 노트 사용을 권해 드립니다.

영어 노트 10줄   영어노트 12줄   영어노트 14줄

단어를 쓸 때 중요한 점은 소리를 내면서 써야 한다는 것입니다. 예를 들어 apple(애플)을 쓴다면 입 꾹 닫고 쓰기 연습만 할 것이 아니라 "애~플, 에이피피엘이, 애~플."하면서 노트에 써보는 것입니다. 이 과정이 바로 파닉스 과정입니다. 이미 소리를 많이 들어 알고 있는 단어인데 그 문자를 써보며 소리와 문자를 매칭하는 것입니다. 영어 노트 한 바닥도 좋고 반 바닥도 좋습니다. 아이와 함

께 분량을 정하시고 꾸준히 진행하시면 됩니다.

최고의 독서 방법

단어 쓰기가 조금씩 익숙해졌다면 이제는 서점에서 '초등 영어 일기' 책들을 찾아보시기 바랍니다. 거기에는 예시 일기도 있고 일기 표현 문장도 제시되어 있습니다. 그 책의 일기와 문장들을 매일 꾸준하게 따라 쓰게(필사) 해주세요. 필사는 최고의 독서법이라고 합니다. 반복해서 따라 쓰면서 문장들이 하나하나 나의 것으로 내면화되기 시작합니다.

교재를 이것저것 사용하지 말고 제대로 된 한 가지 교재로 반복 필사하게 해주세요. 그렇게 하면서 그 안에 문장 중 내가 활용할 수 있는 문장이 있다면 중간에 말을 바꾸어 나의 일기를 써보기 시작합니다.

예를 들어 책 속에 'I went to school.'이라는 문장이 나온다면 나는 'I went to the playground.' 이런 식으로 단어를 바꾸어 가며 나의 영어 일기를 써봅니다. 영어 노출하고 2~3년 차가 넘어가면 조금씩 말할 수 있는 간단한 문장들이 있기 때문에 그날의 일을 말로 간단하게 해 본 다음 그 문장을 손으로 써보면 됩니다.

물론 스펠링이 정확하지 않고 문법이 틀릴 수 있습니다. 하지만 아이가 한글을 처음 썼을 때 모습 기억하시지요? ㄱ, ㄴ 거꾸로 쓰고 그림인지 글자인지 알 수 없는 상형문자 같은 느낌이었을 것입니다. 영어도 마찬가지입니다. 처음 영어로 말하기를 시작했을 때 단어나 문장을 수정해 주지 않고 지켜봐 주었듯이 쓰기 과정도 그렇게 해 주어야 합니다.

나중에 문법을 배우게 되고 학년이 높아지면 정확한 글쓰기로 넘어가면 됩니다. 처음에 시작하는 영어 글쓰기는 유창성이 먼저입니다. 정확하지 않아도 써보고, 틀려도 써보고 노트 바닥을 매일매일 채우는 것이 중요합니다.

아이가 "오늘 친구들과 농구를 했다."라는 문장을 쓰고 싶은데 '농구'라는 단어를 알지 못한다면 엄마가 가르쳐 주거나 한영사전을 찾아 보면 됩니다. 하지만 파파고(AI 번역기)를 사용하지 않도록 해주세요. 최대한 직접 문장을 만들어서 써보는 것이 중요합니다. 아이의 머릿속에 영어 글쓰기 길을 만들어 주는 것입니다. 처음에는 한두 줄 쓰기도 힘들어하던 아이들이 꾸준히 써 나가면 점점 쓰는 양이 늘어나게 됩니다.

우선 영어로 글을 쓴다는 것에 대한 부담감이 없어져야 합니다. 그저 간단한 문장이라도 좋으니 최소 주 1, 2회 정도는 그날의 일기를 쓰게 해주세요. 아이들은 대개 음식에 관심이 많습니다. 급식에서 어떤 반찬을 먹었는지 저녁식사는 뭘 먹었는지 그때 기분이 어땠는지 문장을 만들어 보면 됩니다. 과거형의 표현이 처음부터 익숙하지는 않습니다. 현재형으로 써도 괜찮습니다. 나중에 문법을 배우면 다 교정이 됩니다.

좀 더 정확한 스펠링 인지를 위해서는 딕테이션(dictation, 듣고 받아 쓰기)이 효과적입니다. 좋아해서 자주 읽었던 간단한 원서를 소리만 듣고서 글로 받아 써보는 것입니다. 한두 줄짜리 아주 쉬운 원서부터 시작하시길 바랍니다. 3년 정도 인풋이 된 우리 아이들은 한국 나이로 6, 7세 아이들이라고 생각하고 더듬더듬 한글을 쓰는 과정을 연상해 주세요. 소리를 듣고 써보고 원서와 비교해 보며 내가 틀린 스펠링을 수정해서 알아 나가면 됩니다. 내가 안다고 생각하는 것과 실제 그것을 꺼냈을 때 나오는 결과들은 상당히 다른 경우가 많습니다. 메타인지라고 하지요. 내가 안다고 생각하지만 제대로 알고 있지 않은 것들을 끄집어 내고 수정해 나가야 합니다.

출처 : 초등학생이 좋아하는 글쓰기 소재 365 / 예스24

출처 : 창의력을 키우는 초등 글쓰기 좋은 질문 642 / 예스24

아이들이 쓸 거리가 없다고 할 때가 많습니다. 이때 '주제 일기'를 제시하면 좋습니다. 시중에 주제 일기에 관한 책들이 있고, 네이버에서 다양한 자료를 찾을 수도 있습니다. 주제 일기를 쓰면 좋은 점은 다양한 어휘들을 써볼 수 있다는 것입니다. 아무래도 매일 일기를 쓰다보면 항상 같은 단어, 같은 표현을 쓸 때가 많습니다. 주제 일기를 써보면서 상상력을 펼치며 여러 가지 단어, 다양한 표현을 써 보는 것도 글쓰기 향상에 많은 도움이 됩니다

한바닥 정도는 어렵지 않게 쓰게 된다면 점점 질적으로 글이 성장할 수 있도록 아이를 끌어 주어야 합니다. 일상적인 일들을 표현하던 자유 일기에서 논리적으로 본인의 생각을 정리해 나갈 수 있는 에세이 형식의 글을 써볼 수 있도록 가이드를 주고 끌어주시기 바랍니다. 글을 쓰는 더 자세한 방법과 에세이 쓰는 방법은 《초등 완성 영어 글쓰기 로드맵》(빅피시/정소미 지음)을 참고하시기 바랍니다.

가장 최상위 글쓰기 단계, 에세이에서는 아이의 평소 모국어로 하는 창의적인 생각과 논리적인 사고 과정이 중요한 콘텐츠가 됩니다. 무엇을 하든 마지막은 '모국어의 힘'이 중요하다는 결론에 다다르게 됩니다. 한글 독서, 배경지식을 넓혀주는 평소 부모님과 대화를 신경 써서 챙겨주시기 바랍니다. 꾸준히 쌓이는 아이의

출처 : 초등 완성 영어 글쓰기 로드맵 / 예스24

'모국어 힘'이 결국 최상위 영어를 좌우하게 됩니다.

우리에겐 AI가 있습니다.

많은 어머님들이 아이가 쓴 글의 교정을 원하십니다. 그런데 글쓰기 초기에 교정을 하게 되면 득보다 실이 더 많다고 생각합니다. 영어로 표현해 나가는 즐거움을 처음으로 느끼며 재미있게 쓴 글인데 틀렸다는 지적을 받게 되면 우리 아이들 기분은 어떨까요? 아마도 또 틀릴까 봐 제대로 쓰지 못하고 글쓰기에 점점 흥미가 떨어질 것입니다.

초반에는 내용에 관해서만 공감해 주고 코멘트를 주세요. 단어 스펠링, 문법적인 부분들은 눈감아 주시기를 권합니다. 고학년이 되어 문법을 배우고, 스펠링 정확도가 점점 높아지면 그때 반복되는 오류는 체크해 주시고 점검해 주시면 됩니다. 그때 교정은 어떻게 하냐구요? 다행히 요즘에는 글쓰기 교정 AI가 있어 얼마나 편리한 줄 모릅니다.

〈그래머리(Grammarly)〉는 AI 문법 교정 프로그램입니다. 아이가 쓴 영어 글을 입력하면 AI가 문법 오류를 보여주고 클릭하면 바로 수정해 줍니다. 무료로 사용이 가능하고 좀 더 퀄리티 높은 교정을 원한다면 비용을 지불하면 됩니다.

그래머리(https://www.grammarly.com)

〈챗지피티(ChatGPT)〉는 대화형 인공지능 프로그램입니다. 아이가 쓴 영어 일기를 입력 후 '한국 아이가 쓴 영어일기야. 교정해 주고 문법 설명까지 자세히 해 줘.'라고 입력하면 해당 내용이 주르륵 나

챗지피티(https://chat.openai.com)

옵니다. 결과를 보고 계속 부족한 부분을 질문하면 됩니다. 참으로 놀라운 세상입니다.

또한 〈딥엘(DeepL) AI 번역기〉는 파파고처럼 번역해 주는 인공지능 사이트인데, 도저히 영어로 어떻게 써야 할지 모르겠다 생각되는 문장이 있다면 파파고와 서로 비교하면서 사용하면 좋습니다. 또한 내가 영어로 문장을 타이핑하면 바로 옆에서 틀린 문장을 표시해 주며 수정을 해주는 기능도 있습니다. 물론 길이가 긴 문장일 경우 비용을 지불해야 합니다.

딥엘(DeepL) AI 번역기(https://www.deepl.com)

〈듀오링고〉 스마트폰 앱은 첫 레벨 테스트에 맞추어 마치 게임처럼 영작하거나 영어 어순을 순서대로 맞추어 본다거나 문장을 읽고 녹음해 보면서 재미있게 영어를 배울 수 있는 무료 앱입니다. 광고 제거,

틀린 문제 복습 등 좀 더 알차게 활용하고 싶을 때 비용을 지불하면 되지만 무료로도 충분히 사용해 볼 수 있는 앱입니다.

아이와 함께 상황에 맞추어 디지털 시대 영어공부를 지혜롭게 해보면 어떨까요?

학교 공부도 잘해야지요

독해 문제집 풀기는 언제부터 시작해야 할까요?

우리 아이의 인생에서 입시를 무시할 수는 없습니다. 초등 3학
년까지 저학년 엄마들의 마음과 4학년부터 시작되는 고학년의 긴장
감은 단 1년 차이지만 사뭇 다릅니다. 유아부터 초등 저학년까지는
즐기는 영어, 체험 영어 등을 주로 했다면 고학년이 되는 시점에는
서서히 학습 영어가 시작되어야 합니다.

무자막 영상 하루 1시간 시청, 집안에서의 소리 흘려듣기(아이가
집중도 있는 활동을 하지 않을 때 라디오처럼 귀로 들려주는 영어 소리), 원서 집중 듣기
하루 20~30분, 기초 어휘 책 반복 보기, 간단한 알파벳, 단어쓰기

를 1년 이상 꾸준히 진행했다면, 이제는 독해 문제집을 풀 수 있는 실력이 됩니다. 시중에는 많은 독해 문제집들이 있습니다. 메이저 출판사 위주로 어떤 책을 골라도 상관없습니다. 아직은 문자를 술술 읽는 상태가 아니기 때문에 지문을 읽을 때 집중 듣기의 형태로 소리를 들으며 지문을 볼 수 있는 음원이 있는 독해 문제집을 추천합니다.

지문에 모르는 단어가 나온다면 찾아보고 최대한 자세히 '의미 파악'을 하는 것이 좋습니다. 아직 문법을 배우지 않은 상태라 자세한 문장 분석까지는 어렵습니다. 의미 파악 수준이라고 생각하시고 문제집의 해설지를 참고해서 설명해 주세요.

원서 집중 듣기로는 큰 숲을 보며 전체적인 흐름과 스토리, 맥락을 짚고 나가는 다독의 과정을 밟는다면 독해 문제집을 통해서는 세세하게 단어를 찾아보며 뜻을 알아보고 내용을 이해하는 정독의 과정을 진행한다고 보시면 됩니다. 이 두 부분은 이제 병행되어야 합니다. 책을 많이 읽는다고 국어 독해 문제를 잘 푸는 것이 아니듯 영어도 마찬가지입니다. 어느 정도 훈련이 필요합니다. 하루에 많은 양의 문제를 풀 필요는 없습니다. 하루 1문제씩이라도 레벨에 맞게 꾸준히 풀어나간다면 원서 실력에 맞추어 아이 독해 실력도 함께 자라기 때문에 수월하게 문제풀이가 가능하게 됩니다.

그런데 엄마들과 코칭 시간에 이야기를 나누어 보면 "정말 신기해요. 아는 단어들이 많더라고요." 하는 말씀을 많이 하십니다. 이

출처 : 멀티플 리딩 스킬 / 예스24

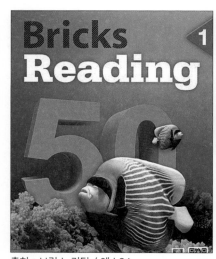

출처 : 브릭스 리딩 / 예스24

출처 : 서브젝트 링크 / 예스24

단어들은 영상과 원서에서 배운 것들이 대부분입니다. 학원의 방식처럼 단어와 한글 뜻을 일대일로 달달 외워 시험 보고 암기한 단어들이 아니라 '맥락 속에서 자연스럽게 습득이 된 단어'들이기 때문에 아이들은 그 쓰임과 상황에 대해 자연스럽게 인지하고 있는 상태가 됩니다. 물론 모르는 단어가 있기 때문에 문제를 풀기 전에 미리 단어들을 찾아보고 이해해 보는 시간이 필요합니다.

문제를 먼저 풀고 모르는 단어를 찾아야 하는 것이 아니냐고요? 그것은 중고등학교에 가서 하면 됩니다. 지금은 단어를 알아가며 문장 의미 파악 연습을 하는 단계이기 때문에 먼저 모르는 단어를 모두 찾고 내용을 이해한 다음에 문제를 풀어도 괜찮습니다.

고학년이 되어 문법을 공부하고 논리적인 사고가 가능해지면 점점 더 정확한 문장 해석이 가능해집니다. 참고로 문장 해석을 할 때는 직독직해 방식으로 영어 어순에 맞추어 해석을 해 나가는 것이 좋습니다. 문장을 읽고 다시 한국어 어순으로 맞추어 생각한다면 시간이 너무 많이 걸리게 됩니다. 한눈에 읽어서 바로바로 해석할 수 있는 문장의 길이가 길어질수록 좋습니다. 여기서 집중 듣기를 해왔던 것이 빛을 발할 수 있습니다. 집중 듣기를 할 때는 쪼개어 한국어 어순으로 분석하지 않고 영어 어순으로 쭉 이해하며 보았기 때문입니다. 독해 문제집의 정답률이 80% 이상이라면 다음 레벨로 올라가시면 됩니다.

그런데 이렇게 단어들을 잘 습득하고 독해 문제집을 무리 없이 잘 푸는 아이들의 공통점은 무엇일까요? 바로 '한글책을 많이 읽어 모국어 실력이 탄탄하다.'는 점입니다. 정말 아이러니하지요. '영어를 잘하기 위해서는 국어를 잘해야 한다.' 모국어의 힘은 아무리 강조해도 지나치지 않습니다. 모든 학습의 근간은 모국어로 이루어집니다. 늘 독서에 공을 들이고 정성을 들이는 것이 현명한 엄마의 선택입니다.

단어장 암기, 문법은 어떻게 하지요?

대한민국에 사는 한 입시에 필요한 문법, 단어 암기, 독해 문제 풀이 과정 등을 공부하지 않을 수 없습니다. 이러한 공부가 다 쓸데없고 필요 없는 것은 아닙니다. 학습 영어의 과정도 분명 필요한 부분입니다. 그런데 중요한 것은 이 공부를 시작하는 시기입니다. 학년도 감안해야겠지만, 그전에 아이 인풋이 충분히 쌓였는가를 먼저 보고 학습 영어의 과정을 시작하시기 바랍니다.

더듬더듬 문장 몇 줄 읽어 나갈 뿐 충분히 듣고, 읽고 인풋이 되지 않은 상태에서의 문법 공부는 아이에게 있어 너무나 힘든 일입니다. 저학년 아이들의 경우 학원에서 문법을 가르칠 때 한국식 한자 문법 용어가 있지 않은 스토리나 그림으로 간접적으로 문법 규칙을 익히는 교재들을 보게 할 것입니다. 하지만 역시 아이가 이해하기 힘들기는 마찬가지입니다. 이 과정을 무난하게 잘 넘기려면 어떻게 해야 할까요?

우선 충분한 듣기, 읽기의 인풋이 먼저 들어가야 합니다. 대체적으로 3년 정도 영어 몰입이 있은 후에, 문법과 어휘 공부를 시작하라고 말씀드리고 싶습니다. 문법은 추상적인 개념이라 이것을 제대로 이해하려면 논리적인 사고가 가능해야 합니다. 고학년이 되어야 이런 사고가 가능해지기 때문에 너무 어린 나이에 하는 문법 공부는 돈 낭비, 시간 낭비, 아이 체력 낭비라고 보시면 됩니다.

문법 초반부에 나오는 'be 동사의 이해' 부분을 보면서 원서 책을 통해 숱하게 읽어 왔던 표현들이 '이런 말로 쓰이는 것이고 이렇게 문장 변형이 되는 것이구나.'하고 이해해야 합니다. 요즘에는 유튜브로 문법 개념을 무료로 강의하는 채널이 많습니다. EBS 초등 사

혼공TV 유튜브 강의

이트를 이용하시거나 유튜브 '혼공TV'를 보시면 문법 과정이 체계적으로 정리되어 있습니다. 교재도 있으니 아이와 함께 문법 공부를 하기에 좋습니다.

보다 높은 수준의 학습을 위한 어휘 암기도 필요한데 시중에 여러 가지 단어 책들이 나와 있습니다. 단어 책을 선택할 때는 아이가 예문을 이해할 수 있는지가 중요합니다. 예문은 단어가 어떻게 문맥 속에서 쓰이는지를 알려줍니다. 또 하루치 암기할 단어들을 보았을 때 절반 이상은 이미 아는 단어가 있는 단어장을 고르는 것이 좋습니다. 그래야 할 만하다는 생각이 들고 도전하고 싶은 마음이 들기 때문입니다.

3년 이상 무자막 영상 시청, 집중 듣기, 독해 문제풀이 등으로 영어 몰입이 된 친구들 중 5·6학년이라면 단어 암기를 하고 테스트를 보면 좋습니다. 시중에 나와있는 단어(보카)책에는 내가 아는 단어를 미리 체크하는 부분이 있는 경우가 있습니다. 아이들이 체크해 오는 것을 보면 이미 알고 있는 단어가 상당히 많음을 알 수 있습니다. 지금껏 한 번도 단어를 억지로 암기하거나 테스트를 해본 일이 없는데, 원서를 통해, 영상을 통해, 독해 문제집을 통해 많은 단어들을 습득했던 것이지요.

문법 문제풀이도 한자 어휘들을 생소하게 생각하기는 하지만 인강을 잘 따라가며 문제를 풀고 개념을 이해해 나갑니다. 이 과정을 통해 머리 속에 여기저기 흩어져 있었던 문장 규칙들을 한번 정리하고 넘어가게 됩니다. 충분한 영어 노출이 있고 난 후 학습 영어를 시작해야 아이가 훨씬 덜 힘들게 받아들이고 제대로 학습을 진행할 수 있게 됩니다.

내신, 수능 영어 1등급을 위한 알찬 밑거름

'우리 아이 반드시 수능 1등급, 내신 1등급 받게 할거야.'하며 엄마표 영어를 시작하시는 분들이 계실까요? 엄마표 영어가 시작된 지 거의 20년 가까이 되었기 때문에 이 방식으로 꾸준히 진행한 친구들이 거둔 효과는 유튜브나 언론에 많이 알려졌습니다.

초기에 엄마표 영어를 했던 엄마들은 아이의 학교 영어 성적은 그다지 중요하지 않다고 생각했습니다. 문법 문제 몇 개 더 맞고 단어 스펠링 몇 개 틀리는 것이 중요한 것이 아니라 원어민과 소통할 수 있는 진짜 영어, 듣지도 말하지도 못하는 영어가 아니라 시원하게 소통할 수 있는 영어를 함으로써 아이가 더 넓은 세상에서 기회를 잡고 능력을 펼치기를 바라는 마음이 컸습니다.

하지만 요즘 엄마들은 유튜브나 인터넷의 많은 정보들을 활용하여 엄마표 영어로 학교 성적도 잡는 두 마리 토끼 전법을 구사하고 있습니다. 어떻게 보면 엄마표 영어도 진화해 나가는 것이겠지요. 무자막 영상과 원서 두 가지만 꾸준히 해서는 정확성과 스킬을 요하는 학교 시험까지 커버하기란 쉽지 않습니다. 고학년이 되면 단어도 암기하고, 문법 공부도 해야 합니다. 수업 시간에 집중하고, 선생님이 나누어 주신 프린트물을 잘 정리하고 문제집도 풀어봐야 합니다. 그래야 시험 점수가 잘 나옵니다.

그런데 문법과 같은 정확성을 요구하는 중학교 시험이 끝나면 지금까지 쌓아왔던 기본 실력으로 승부를 걸어야 하는 고등학교 과정이 옵니다. 고등학교 과정이야말로 엄마표 영어로 진행한 친구들이 성과를 내는 시기입니다.

고등학교 과정의 특징은 무엇일까요? 우선 배우는 내용이 방대합니다. 교과서를 기본으로 부교재, 모의고사, 학교 자체 프린트물 등 중학교 시험 범위의 몇 배가 훌쩍 넘습니다. 이 많은 양을 중학교 때처럼 달달 외워서 시험 보는 것이 가능할까요?

고등학교 시험과 수능은 영어만 잘한다고 좋은 점수를 받을 수 없습니다. 높은 사고력과 모국어 실력이 뒷받침되어야 합니다. 국어 1등급을 맞아야 영어 1등급을 맞을 수 있습니다. 오랜 시간 많은 한글 독서와 원서 읽기로 탄탄한 기본기가 뒷받침되어야 1등급이라는 결과를 얻을 수 있습니다. 많은 한글책과 원서로 어렸을 때부터 사고력을 키워주는 엄마표 영어가 수능에서 높은 등급을 받는 이유입니다.

5년 전에는 알파벳도 잘 모르고 시작한 친구들인데 중학교 1학년, 초등학교 6학년이 되었습니다. 그런데 역대급 불수능이었던

2024 수능시험에서 87점, 85점으로 2등급이 나왔고 5년 과정을 마치고 중학교 2학년 때 졸업한 친구는 그해 동일한 수능시험에서 94점으로 1등급이 나왔습니다.

엄마표 영어한 친구들의 2024 수능점수

Part 3

엄마표 영어를 잘 진행하는

부모들의 공통점

우리 아이 영어는 나 같지 않게

소통 영어에 대한 목표가 뚜렷한 부모

"아직 글자를 못 읽어? 파닉스부터 해야 해. 어디 어디 학원이 파닉스 잘 하더라."
"단어를 외워야지. ○○학원은 하루 100개씩 외우게 한대."

엄마표 영어를 하다 보면 끝없이 펼쳐져 있는 바다 한가운데 홀로 항해하고 있다는 느낌이 들 때가 있습니다. 주위 엄마들은 계속 학원 이야기를 합니다. 이 소리를 들을 때마다 마음은 요동치고 귀는 팔랑거립니다. 영상 보며 낄낄대는 아이, 원서 보며 키득대는 아이를 이렇게 마냥 두고 보는 것이 맞는 것일까? 단어 암기며 문법 공부를 빡세게 시켜야 하는 것은 아닐까?

인간은 영문도 모른 채 다른 사람의 행동을 따라한다고 합니다. 여러 사람이 가는 길이 안전한 방법이라는 생각이 드니까요. 인간은 절대 이성적이지 못하기 때문에 우리가 지금까지 해왔던 영어 공부의 폐해를 온몸으로 느끼고 있으면서도 익숙하지 않고 이해할 수 없다는 이유로 엄마표 영어를 의심합니다.

하지만 이 의심을 거두고 엄마표 영어의 바다에 풍덩 빠지는 엄마들이 있습니다. 본인이 영어를 잘 하고 싶어 이런저런 공부를 다 해 봤지만 실패한 경험이 있거나, 해외여행이나 어학연수 때 상대방의 말을 알아듣지 못해 많이 답답했던 분들, 또한 듣고 말할 수 있는 영어를 위해 아이에게 이것저것 다 시켜 보았지만 효과가 없었던 분들은 엄마표 영어에 관련된 책이나 유튜브를 보고 '바로 이거야!' 하며 바로 도전하게 됩니다.

영어는 모국어식으로 소리 노출부터 시켜야 한다는 생각이 뚜렷한 부모들이 아이와 함께 이 좁은 길을 뚜벅뚜벅 걸어나갈 수 있습니다. 본인이 몸소 느껴봤기에 더욱 확신을 가질 수 있습니다. 이 분들은 끊임없이 이 방법이 맞다는 경험자나 전문가들의 이야기를 계속 듣고 공부합니다. 엄마표 영어, 교육 관련 유튜브들을 구독해 놓고, 수시로 봅니다. 관련 서적도 많이 읽습니다. 강을 거슬러 올라가야 하는 연어처럼 이렇게 노력하지 않으면 거대한 물살에 휩쓸려 버릴 것이라는 것을 본능으로 알기라도 하는 것일까요?

영어에 대한 관심이 많은 부모

"원장님, 저 원서 읽기 모임 나가요. 거기서 《매직 트리 하우스》
를 소리 내어 읽는 것이 숙제에요."

"저 문화센터 나가서 영어수업 받고 있어요. 저도 영어를 더 배
우고 싶기도 하고 아이 봐주려면 좀 알아야겠더라고요."

팝송과 영화를 좋아하고 영어에 대한 긍정적인 마인드를 갖고
계신 엄마들이 있습니다. 이런 분들이 엄마표 영어를 하게 되면 그
야말로 아이와 엄마가 함께 성장하는 최고의 영어 공부의 길을 걷
게 됩니다. 엄마표 영어는 아이들에게만 효과가 있는 것이 아니거
든요. 아이들만큼 꾸준히 진행하지 못해서 그렇지 어른들 역시 다
른 어떤 영어 공부 방법보다도 강력한 효과를 보게 됩니다.

아이가 영상을 시청할 때 엄마도 함께 즐기며 보고, 원서를 읽
을 때 "아, 여기서 이건 이렇게 표현하는 거구나. 어머! 새로운 걸
알았네."라며 깨닫는 기쁨을 아이와 함께 나눈다면, 아이에게 영어
는 엄마와 함께하는 즐거운 놀이이지 따분한 공부가 되지는 않을
것입니다.

영어에 그다지 큰 관심은 없더라도 아이 앞에서 부정적인 표현만은 쓰지 말아 주시기 바랍니다.

"요즘엔 AI가 얼마나 발달했는데, 영어를 배워서 뭐 하게?"
"요즘은 영어 개나 소나 다 잘해. 영어 좀 잘한다고 옛날처럼 성공하는 것도 아니야."

간혹 아빠들이 이런 이야기를 아이 앞에서 하는 경우들이 있습니다. 부부 사이에 교육관이 일치하지 않고, 사이가 서로 좋지 않을 때 엄마가 하는 엄마표 영어가 마음에 들지 않아 이런 말씀을 하십니다. 그런데 기껏 열심히 영상 보고, 원서 보는 아이 앞에서 이런 식의 말이 어떤 도움이 될까요? 설령 이 말이 사실일지라도 영어한마디 뻥끗하지 못하는 아이가 되는 것이 올바른 방향은 아닐 것입니다.

아이 앞에서는 관심 있는 척이라도 해 주세요. 아이가 영상에서 봤던 얘기들, 원서에서 읽었던 얘기들을 말하면 들어 주세요. 부모의 역할을 하기 위해, 아이 앞에서 가끔 연기자도 되어야 합니다. 더불어 최고의 뇌 훈련이 되는 외국어 배우기. 아이와 함께 도전해 보는 것은 어떨까요? 영어를 좋아하고 영어에 관심을 갖게 되면 엄마표 영어 진행이 몇 배는 수월해집니다.

우리 아이만큼은 글로벌 무대에서

요즘 한류가 대세입니다. 전 세계를 휩쓸고 있기에 아이돌들은 영어 인터뷰가 필수 코스가 되었습니다. 엄마표 영어를 하시는 많은 분들이 "대한민국은 너무 좁고 경쟁이 심하잖아요. 저는 우리 아이가 외국에 나가 취업하고 글로벌하게 살았으면 좋겠어요."라고 말씀하십니다. 실제 이민을 준비 중이거나, 주재원으로 해외에 나갈 예정, 아이 유학을 준비 중인 분들이 꽤 있습니다.

'디지털 노마드'의 시대입니다. 컴퓨터만 있고 인터넷만 있다면 세계 어디에서든 일할 수 있고, 나의 활동 무대가 됩니다.

대한민국은 특히나 자영업자의 비율이 높고 경쟁이 치열합니다. 해외에서는 밤늦게까지 휘황찬란한 네온사인, 어디에서도 배달이 가능한 한국의 배달 문화를 칭찬하지만, 격심한 경쟁구도 속에서 빚어진 결과라 간혹 씁쓸하기도 합니다.

이 대한민국의 극심한 경쟁 사회 속에서 다져진 탄탄한 실력으로 외국에 나가 일을 한다면 어디서나 환영받는 인재가 될 것임이 확실합니다. 이미 많이 검증 되었습니다. 외국에서 일할 때 가장 문제인 '언어'만 해결된다면, 우리 아이에게는 분명 훨씬 많은 기회들이 주어질 것입니다. 이것에 대해 확실히 인지하고 엄마표 영어를 진행하는 엄마들은 작은 일에 쉽게 휘둘리지 않습니다. 외국에서도 확실히 통하는 경쟁력을 키우고 있다고 생각하시거든요.

우리 아이들에게 대한민국만의 무대는 좁습니다. 대한민국에만 있더라도 전 세계 인구를 향해 비즈니스를 해야만 합니다. '하루아침에 뚝딱 완성되지 않는 언어. 습득이 빠른 어릴 때부터 꾸준히 노출하자. 우리 아이가 글로벌 무대를 접수할 수 있게 하자.' 이처럼 큰 포부와 비전이 있는 엄마들은 결코 엄마표 영어를 멈출 수가 없습니다.

아이와 함께 뛸 준비가 된 부모

세상 힘든 꾸준함을 위해 계속 노력

"어머님, 어떻게 이리 꾸준하신가요? 어머님께 많이 배웁니다."
"그냥 하는 거죠 뭐. 아이들이 성장하는 모습이 보이니까요."

거의 5년 가까운 시간 동안 일주일 1번 미팅을 단 한 번도 거르지 않은 연수 어머님. 어머님은 거의 시계처럼 정확하게 미팅에 참여하십니다. 아이들의 과제 진행이 잘 될 때도 있고, 아닐 때도 있습니다. 하지만 미팅 시간은 놓치지 않고 오셔서 점검을 받으십니다.

엄마표 영어를 코칭하면서 도리어 제 자신의 성장을 많이 이루게 되었습니다. 저 역시 이 일을 시작하지 않았다면 나만의 우물 속에서 착각에 빠져 살았을지도 모릅니다. 모든 일이 그렇지만 엄마표 영어는 특히 끈기가 중요합니다. 아무리 여러 달 아이에게 영상을 보여주고, 원서를 읽어주더라도 아이한테 큰 변화가 보이지 않습니다. 이 조용한 침묵기와 잠복기, 무조건 많은 양의 인풋이 들어가야 하는 이 시간들을 아이와 함께 즐기며 끈기 있게 지속해 나가는 것이 중요합니다.

유튜브를 보거나 엄마표 영어 관련 책들을 보면 아이가 중얼중얼 말을 하기 시작한다든데 우리 아이는 왜 입을 꾹 다물고 있는 것일까? 왜 우리 아이는 원서를 좋아하지 않는 것일까? 오만 가지 생각이 들고 하루에도 몇 번이나 이것을 그만두어야 하나 하고 생각하게 되는 것이 사람 마음입니다.

끈기 있는 엄마는 오늘 하루 아이의 반응에, 아이의 표현들에 일희일비하지 않습니다. 가끔 "에이, 나 영상 보기 싫어."하는 아이의 한마디에 무너지는 엄마들이 있습니다. 아이는 영어 자체가 싫다는 것이 아니라 "오늘은 다른 재미있는 것이 있어서 보기 싫어." "오늘은 학교에서 여러 가지 힘든 일들이 있어서 피곤해." 이런 의미에서 말한 것뿐인데 하늘이 무너진 것처럼 "아이가 영어를 싫어해요."하고 말씀하십니다.

성과가 나오려면 듣기, 읽기 노출은 비가 오나 눈이 오나 매일 매일 꾸준히 진행되어야 합니다. 끈기 있는 엄마는 "에이, 나 영상

보기 싫어."하고 아이가 말한다면 당황하지 않고 왜 그런 말을 하는 것인지 물어봅니다. 피곤하다면 잠시 낮잠을 재우기도 하고, 짜증 나는 일이 있었다면 이야기를 들어 줍니다. 하지만 기분에 따라 그 날 루틴을 망가뜨리지는 않습니다.

이렇게 묵묵히, 꾸준히, 동요없이 해 나가는 이런 엄마 모습을 보고 자란 아이들은 어떻게 성장하게 될까요? 두말할 나위 없이 그 인내를 배우게 됩니다. 우리 아이들은 부모의 "성실해라.", "꾸준히 해라."라는 말을 듣고 배우는 것이 아닙니다. 아이는 오늘도 우리들의 행동을 관찰하고 있습니다. 아이들은 보고 배우기 때문입니다. 꾸준함은 결코 쉽지 않습니다. 하지만 아이를 위한 일이라면 노력할 수 있습니다. 세상 꾸준한 어머님이 말씀하시더라고요. "제 일이면 이렇게까지 못하지요. 애들 일이라 계속할 수 있는 것 같아요."

함께 실천하는 부모

"자, 엄마 준비됐어. 소리 튼다."
(잠시 후)
"엄마, 다 했어? 난 다 했는데."
"정말? 엄마는 이 부분이 안 들렸는데 넌 썼네?"
"에이, 그 부분이 왜 안 들려? 난 다 들리는데"

소리 듣고 받아쓰기 연습을 할 때 아이랑 함께 진행하는 어머님도 계십니다. 모국어 습득 방식의 엄마표 영어는 아이들에게 효과가 크지만 어른들에게도 적용할 수 있는 공부 방법입니다. 저는 매번 이 방법들을 어머님도 똑같이 해보시기를 권해 드립니다. 평생 몇십 년을 제대로 알아듣지도 못하고 말도 못 하며 살아왔는데 아이와 함께하는 몇 년이 그렇게 대수일까요? 함께 일지를 쓰고 무자막 영상을 보고 원서를 봅니다. 이렇게 부모가 함께 과정들을 진행하면 아이는 자연스럽게 부모를 따라갈 수밖에 없습니다.

책을 읽으라고 아이에게 말만 하지 않고 책을 함께 읽는 부모, 운동하라고 말만 하지 않고 함께 운동하는 부모, 편식하지 말라고 말만 하지 않고 부모 자신도 모든 음식을 골고루 먹는 부모. 우리 아이들은 지금 어떤 모습을 우리에게서 보고 있는 것일까요?

아이와 함께해 주세요. 적어도 처음 몇 개월만이라도요. 그럼 우리 아이들은 엄마, 아빠와 함께한다는 그 사실 하나만으로도 엄청난 힘을 내어 진행할 것입니다.

체력을 관리하는 부모

"어머니, 어떻게 이렇게 진행을 잘 하세요? 몇 시에 일어나시는지요?"

"6시쯤 일어나나 봐요. 애들 할 것 시키고 나가서 걷기 운동하고 집에 들어와요. 계속 걷다 보니 이제 뛰게 되더라고요."

코칭을 하다 보면 감탄스러울 만큼 시간을 알차게 활용하시는 어머니들이 계십니다. 아이들을 대개 10시 정도에 재우고 아침 6시 정도에 깨워서 공부를 시작하게 하는 경우가 많습니다. 연휴나 방학 때 살짝 흐트러질 수는 있지만 곧바로 다시 습관을 잡아 나갑니다. 천성적으로 부지런함을 타고난 것일 수도 있지만 제가 생각하는 이분들의 부지런함의 원동력은 바로 '목표 집중력' 때문이 아닐까 합니다. 최근 '미라클 모닝'처럼 아침 시간을 활용하는 활동이 유행입니다. 하지만 '내가 왜 이렇게 아침에 일찍 일어나야 하는지', '왜 아이들에게 아침 공부를 하게 해야 하는지' 명확한 목표가 없으면 집중력을 발휘하고 시간을 알차게 사용할 수 없습니다. 그리고 이렇게 집중력을 발휘하고 부지런하기 위해서는 무엇보다도 체력이 뒷받침되어야 합니다.

아이보람은 한 가정당 교육비로 자녀 모두 커리큘럼대로 따로따로 코칭 받을 수 있다 보니 다둥이 어머님들이 많습니다. 큰 아이 때는 어머니도 상대적으로 젊을 때이고 열정도 넘쳤기 때문에 무리 없이 잘 되었지만, 세월이 흐르고 막내를 코칭 받을 때 즈음이면 어머니도 체력이 많이 떨어진 것을 볼 수 있습니다. 체력이 떨어지니 짜증도 늘어나고 예전만큼의 집중력도 나오지 않습니다. 엄마표 영어뿐만 아니라 모든 일에서 체력은 필수적인 요소입니다. 체력이 집중력과 부지런함의 바탕이 된다는 것 꼭 기억해 주세요. 아이를 위해서도 나를 위해서도 운동은 필수입니다.

사랑과 훈육의 줄타기를 잘하는 부모

균형을 잘 잡는 부모

제가 수년간 코칭을 해오면서 가장 존경스러운 분들이 이 '균형을 잘 잡는' 어머니들입니다. 민영이 어머니는 언제나 정성스럽게 아이들의 과제들을 챙겨옵니다. 두 딸을 코칭 받고 있는데 바쁜 시간들을 쪼개 체험학습도 많이 하고 여행도 자주 다닙니다. 이 어머니의 가장 큰 특징은 바로 따뜻함과 엄격함의 균형을 잘 잡는다는 점입니다.

아이들과 대부분 사이좋게 잘 지내지만 학습이나 생활습관만큼은 단호하게 훈육해서 실천하게 합니다. 공부를 무조건 해야 한다며 압박을 주지도 않습니다. 어떻게 하면 이 과제들을 잘 해낼 수 있을까 아이들과 한편이 되어 함께 고민하고 방법들을 찾아봅니다. 칭찬하고 격려하며 아이들 공부를 시키지만 약속을 지키지 않는다든가 성실하지 못한 태도를 보인다면 따끔하게 혼을 냅니다. 하지만 아이들은 혼났다고 엄마를 미워하거나 거부하지 않습니다. 엄마의 사랑이 듬뿍 깔린 야단은 본인들을 위하는 것이라는 것을 느끼는 것이겠지요. 본인 마음대로만 하는 상황을 아이들이 좋아할 것 같지만 도리어 규칙과 룰이 있고 루틴이 있는 상황, 즉 예측 가능한 상황에서 아이들은 더 정서적 안정감을 느낀다고 합니다.

친구 같기만 하고 단호하지 않은 부모도 있습니다. 엄격하기만 하고 따뜻하지 않은 부모도 있습니다. 이 줄타기는 쉽지 않습니다. 어느 부모나 다 마찬가지입니다. 하지만 아이는 그 나이에 맞는 성장이 필요하고 결국 독립해야 합니다. 아이들에게 어렸을 때부터 좋은 습관을 길러주는 것은 아이 전체 인생에서 정말 너무나 중요한 일입니다. 아이들에게는 누구도 줄 수 없는 부모님의 깊은 사랑이 필요합니다. 그러나 한 사회의 일원으로 키워내기 위해서는 좋은 성품, 좋은 습관, 좋은 태도가 필요합니다. 이것을 가르쳐야 할 때 부모의 권위, 단호함이 필요합니다. 소리 지르고 화내는 것이 단호한 것이 아닙니다. 오히려 목소리를 더 낮추고 근엄한 태도를 보여야 합니다.

그러면 아까도 잠깐 언급했지만 이 단호한 태도가 아이들한테

상처 없이 받아들여지려면 어떻게 해야 할까요? 일방적으로 자신의 주장만 내세우는 권위적인 모습이 아니라 아이들이 인정하고 받아들이는 권위가 필요합니다. 아이들과 한 약속을 반드시 지키고 평소에 말한 대로 실천하는 모습. 서로를 존중하고 인정하는 엄마, 아빠의 모습. 모든 일에 책임감을 가지고 성실하게 임하는 모습. 이 모든 것을 아이들은 눈으로 보고 마음으로 느낍니다. 부모에 대한 존경의 마음이 새록새록 쌓이게 될 때 부모의 권위는 바로서게 되고 아이들은 엄마, 아빠의 말을 더 인정하고 받아들이게 됩니다.

사랑으로 관찰하는 부모

"어머니, 은우 이번 주 새로 들어간 원서 어떻게 봤을까요? 재미있게 봤나요?"

"네, 지난번 책은 몸을 배배 꼬기도 하고, 물 마시러 왔다 갔다 하기도 하고 했는데 이번 책은 꼼짝도 하지 않고 앉아서 집중하더라고요. 그래서 칭찬 많이 해줬어요."

"지난 주에는 민수가 학교에서 생존수영이 있어 피곤했는지 영상 볼 때 자꾸 졸더라고요. 원래는 혼자 보는데 이번 주는 계속 저랑 같이 봤어요."

엄마표 영어는 아이와 가까이 있는 시간들이 많기 때문에 많은 대화를 하게 되고 아이의 행동들을 자세히 지켜볼 수 있습니다. 어머니 중에서 아이를 매주 잘 관찰하고 이야기를 상세히 해 주는 분들이 있습니다. 어머니 말씀을 듣다 보면 아이의 상황이 구체적으로 그려지고 더할 것은 더하고 뺄 것은 빼는 판단이 가능하게 됩니다.

새로운 원서에 들어가면 집중 듣기가 벅차지는 않은지, 독해 문제집 난이도는 알맞은지, 요즘 아이가 푹 빠져서 보는 영상들은 어떤 것들이 있는지 잘 관찰하고 전달해야 합니다. 그래야 난이도 조절도 가능하고, 흥미 있어 할 다른 비슷한 부류의 영상들도 추천할 수 있습니다. 이렇게 왔다 갔다 핑퐁처럼 매주 저와 소통이 잘 되는 가정이라야 엄마표 영어를 잘 끌고 나갈 수 있습니다.

"수연이 이번 주 영상은 어떻게 보았는지요?"
"제가 바빠서. 제대로 못 봤네요. 잘 봤다고 하긴 하더라고요."

아주 간혹은 엄마도 사람이기에 다른 바쁜 일로 놓칠 수 있습니다. 하지만 기본은 아이가 제대로 잘 진행하고 있는지 지적하기 위한 관찰이 아니라 사랑으로 관찰해야 합니다. 그래야 칭찬할 부분에서는 칭찬하면서 아이를 격려할 수 있고, 가르칠 부분은 가르치면서 아이를 성장시킬 수 있습니다.

일관성 있는 부모

"엄마, 나 오늘 체육수업 달리기했더니 너무 피곤해. 오늘 공부 안 하면 안 돼? 힝!"

엄마는 따뜻한 눈빛으로 우선 아이의 컨디션을 체크해 봅니다. 평소 아이를 잘 관찰했던 어머니의 경우는 아이가 엄살을 부리는 것인지 정말 힘든 것인지 바로 알아볼 수 있습니다.

정말 체력적으로 힘들어한다면

"그래, 많이 피곤해 보인다. 그럼 알람 맞추고 잠시 낮잠 자고 나서, 꼭 해야 할 과제들은 하는 것으로 하자."

그런데 엄살 부리는 것으로 생각된다면,

"그렇구나, 도희가 오늘 달리기해서 피곤하구나. 근데 가서 세수하고 떡볶이 간식 먹고 나면 우리 도희 힘날 것 같아. 오늘은 엄마가 옆에 있어 줄게. 처음엔 좀 힘들어도 하다 보면 할 수 있을 거야. 엄마랑 같이 해보자."

일관성이 있는 부모님은 아이나 엄마의 컨디션과 감정에 따라 루틴을 깨지 않습니다. 조금이라도 할 수 있는 분량은 해 나갑니다. 이것이 궁극적으로 아이를 덜 힘들게 하는 것입니다. 컨디션, 감정에 따라 함께 정한 계획이 수시로 바뀌고 깨진다면 아이의 공부는 늘 힘든 과정이 됩니다. 해도 되고 안 해도 된다면 굳이 사서 고생

할 필요 없겠죠?

운동을 하겠다고 전문가에게 조언을 구하면, "주 3일 운동한다는 계획을 세우지 말고, 매일매일 운동하겠다고 다짐하라"고 합니다. 주 3일 운동하기로 마음먹었다면 '오늘은 빠질까? 내일은 약속이 있는데' 운동하기에 앞서 고민하는 시간이 추가됩니다. 하지만 매일매일 예외 없이 운동한다면 이런저런 고민 없이 그냥 하면 됩니다.

아이 공부도 마찬가지입니다. 정말 큰일이 없는 한 함께 정한 계획에 따라 일관적으로 매일매일 지키게 해주세요. 그래야 아이도 엄마도 공부와 씨름하는 시간이 훨씬 줄게 됩니다. 사랑과 훈육으로 루틴의 일관성을 지키는 부모님이 엄마표 영어도 잘 진행합니다.

긍정적인 자세로 내 아이에게만 집중하기

경청하는 부모

"오늘은 여기부터 여기까지야."
"엄마, 너무 많아. 씨~."
"징징거리지 마! 입 다물어!"

공부 양을 엄마 마음대로 정하고 아이에게 던져 주는 어머니가 있습니다. 물론 아이에게는 그 나이에 맞게 해내야 하는 과제 양이 있겠죠. 하지만 똑같은 공부를 해도 엄마가 무조건 하라고 던져준 공부와 같이 의논하고 결정해서 하는 공부와는 하늘과 땅 차이입니다.

간혹 아이 말을 들어주면 들어 줄수록 버릇 없어지고 자기 고집대로 할 거라고 생각하시는 분이 있습니다. 건강과 안전, 예절 등 다른 사람들에게 피해를 주지 않고 더불어 살아가는 방법을 배우는 부분에서는 타협이 아니라 지시를 하는 것이 맞습니다. 그러나 공부는 다릅니다. 공부는 아이가 해야 하는 것이고, 아이가 기분 좋게 하는 것이 무엇보다 중요합니다. 공부 양이 적다고 아이가 좋아하고, 공부 양이 많다고 아이가 싫어하는 것이 아닙니다. 아이는 부모가 자기 말을 들어 주고, 공감해 주고, 이해하고, 인정해 주는 것을 무엇보다도 갈망합니다. 아이뿐만 아니라 사람은 누구나 다 그렇습니다.

적어도 일주일에 한 번 정도는 아이가 하는 공부를 들여다보며 잘 안 된다면 어떤 부분이 조절되어야 할지, 끈기를 심어주기 위해 어떤 부분은 힘을 주며 함께 가야 할지 아이의 말을 들어봐야 합니다. 이것이 사춘기 때 큰 트러블 없이 부드럽게 지나가는 가정의 공통적인 모습입니다.

난 내 아이만 본다

함께 코칭을 하다 보면 같은 과정을 진행했어도 아이가 가진 성향, 기질, 언어적인 감각에 따라 아웃풋이 다르게 나오는 것을 보게 됩니다. 아이 아웃풋이 잘 나오는 어머니는 기가 살고, 자신감이 넘칩니다. 하지만 반대의 경우에는 의기소침하며, 불안해합니다.

동수 어머니는 남편이 하는 일을 간헐적으로 도와 가며, 활발하고 명랑해서 다소 산만하기까지 한 2학년 남자아이를 코칭 받습니다. 남편의 일을 도와야 할 때는 아이는 혼자 집에 있습니다. 스스로 영상 보기, 집중 듣기 등 과정을 하면 좋으련만 여느 남자아이들이 다 그렇듯 엄마 올 때까지 게임, 유튜브로 시간을 보냅니다. 일을 많이 나가야 할 때는 일주일에 2, 3번 밖에 과정들을 진행하지 못합니다.

다른 친구들은 벌써 진도를 앞서 나가고, 조금씩 아웃풋이 나오는 모습을 지켜보면서도 동수 어머니는 그냥 묵묵히 아이의 공부 습관을 잡아가며 본인의 과정들을 해 나가십니다. 남이 북을 치든 장구를 치든 묵묵히 내 아이만 바라보며 본인의 할 일만 하는 것입니다.

다행히도 이렇게 꾸준히 잡은 공부 습관이 조금씩 효과를 보고 있습니다. 집중 듣기를 하다가도 친구한테 전화가 오면 바로 놀러 달려나가던 동수가 이제는 "나 이것 다하고 조금 이따 나갈게."하고 이야기를 했다고 합니다. 고삐 풀린 망아지 같던 동수가 이제는 서서히 자기 조절력을 기르고 엉덩이 힘이 길러지고 있는 중입니다.

어머니가 오직 내 아이에게 집중하지 않고 이리저리 다른 친구들과 비교하고, 학원으로 아이를 보내 버렸다면 동수가 이렇게 자기 조절력을 기를 수 있었을까요? 집이라는 공간에서 먼저 엉덩이 힘을 기르고, 집중해서 공부하는 시간이 쌓여야 학원을 가서도 소기의 성과를 달성할 수 있습니다.

동수 어머니의 내 아이만 바라보고 집중하는 힘은 어디서 왔을까요? 어머니의 타고난 성격의 영향도 있겠지만 이 방법이 맞다는 확신, 아이가 잘 할 거라는 믿음, 아이를 잘 이끌어 주어야 한다는 책임감, 이 모든 것들이 결합되어 나온 것이 아닐까요?

내 삶의 모토는 긍정과 감사

"저는요, 다은이가 자막도 없는 영상 보면서 낄낄대고 웃는 것만 봐도 진짜 신기해요."

"그래도 조금씩 글자 읽는 거 보면 느는 것이 보여요."

"언젠간 할 수 있겠지요. 이만큼 성장한 것이 어디에요. 처음에는 아무것도 몰랐는데요."

다은 어머니는 항상 웃는 모습으로 아이에 대한 믿음을 보입니다. 객관적으로 보면 조금은 답답한 성장이기도 한데 한결같이 아이의 발전된 모습에만 초점을 맞춥니다.

저는 늘 어머니의 이런 태도에 감탄하고, 진심 어린 존경의 마음을 표현합니다.

"어떻게 이렇게 긍정적이세요. 제가 참 많이 배웁니다."

반대로 늘 아이에 대한 불평불만을 쏟아내는 분들이 계십니다.

"어휴, 정말 게을러빠져 가지고. 누구 닮았나 몰라."

"영상만 보려 하고, 키득대고 웃는 것 보면 꼴 보기 싫어요."

"머리가 나쁜 것 같아요. 제가 몇 번이나 말했는데요. 답답해 미치겠어요."

비슷한 상황에서 어떻게 이렇게 정반대의 모습을 보일까요? 아이 앞에서는 절대 표 내지 않고, 여기서만 이렇게 말하는 거라고 하시지만, 저는 이렇게 말씀드립니다.

"어머님, 아이가 아무것도 모르는 것 같지만, 어머님의 기분을 생각보다 굉장히 민감하게 알 수 있어요. 그 부정적인 기운들이 알게 모르게 아이에게 영향을 끼친답니다. 잘할 수 있을 거라고 믿어 주셔야 해요. 찬혁이가 예전에 이랬었는데 지금 보세요. 이렇게 많이 늘었잖아요."

1, 2년 전 점검 영상과 현재 영상을 비교해 보여 드리거나, 몇 달 전에 쓴 영어 일기와 현재 영어 일기를 비교해서 보여 드리면

그제야 입술을 삐죽삐죽 내밀며 "치, 늘긴 늘었네요." 하십니다.

이왕 하는 공부, 엄마의 믿음을 한껏 받고 하는 아이와 엄마의 의심과 한숨을 한껏 받고 하는 아이의 몇 년 뒤 모습은 아마 충분히 상상할 수 있을 겁니다. 물론 가끔 한숨이 나올 때도 있을 것입니다. 하지만 기본적인 마인드는 아이에 대한 긍정적인 믿음을 밑바탕에 깔고 있어야 합니다. 그래야 아이도 성장하고, 엄마도 성장하게 됩니다.

AI 시대 우리 아이 역량 키우기

실리콘밸리 자녀 교육

인공지능이 인간 대신 글도 써주고, 동영상도 만들어 주며 심지어 그림, 음악 등 창작 활동까지 대신해 줍니다. 이제 더 이상 지식을 암기해서 머리에 넣을 필요가 없습니다. 이제 우리는 어떻게 하면 더 효율적으로 인공지능에게 일을 시킬 것인가, 그것에 대해 고민해야 합니다. 우리 아이들에게 가르쳐 줄 것도 하나라도 암기해서 머릿속에 넣는 교육이 아니라 깊은 사고를 통해 나오는 통찰과 지혜를 얻는 방법입니다.

미국 실리콘밸리 고위급 임원의 자녀들이 다니는 유명 사립학교 〈페닌슐라〉를 취재한 기사에 따르면 놀랍게도 최첨단 IT 기기로 가득할 것 같았던 교실에 IT 기기가 단 한 대도 없었다고 합니다. 대신 컴퓨터가 발명되기 이전 형태의 교실을 운영하고 있었는데 교사는 칠판 앞에서 분필을 들고 가르치고 있었고, 아이들은 종이책과 종이 노트로 공부하고 있었다고 합니다. 책장에는 브리태니커 백과사전 전집이 꽂혀 있었고, 사물함에는 나무로 만든 장난감, 인형, 찰흙, 바느질 도구 등이 가득했다고 합니다

(출처 :《에이트》이지성 작)

이 책에 따르면 실리콘밸리 상징이라고 할 수 있는 스티브 잡스는 자녀들에게 아이폰과 태블릿 같은 IT 기기를 전혀 주지 않았고, 실리콘밸리의 제왕이라 불리는 빌 게이츠 자녀들도 중학생이 될 때까지 스마트폰을 가질 수 없었다고 합니다. 왜 최고의 첨단 기술을 만드는 실리콘밸리의 기업가들이 정작 자신의 자녀들에게는 철저하게 전자기기를 멀리하도록 했을까요? 그들은 압니다. IT 기기들이 얼마나 사람들의 인간성을 잃게 하는지요.

과도한 스마트폰 사용은 우리 아이들을 팝콘 브레인으로 만듭니다. 팝콘 브레인이란 '강한 자극이 넘쳐나는 첨단 디지털 기기의 화면 속 현상에만 반응할 뿐 다른 사람의 감정이나 느리게 변화하는 진짜 현실에는 무감각해진 뇌'(출처: 네이버 국어사전)를 말합니다. 인공지

능 시대에는 인간만이 가질 수 있는 공감력, 협동 능력을 높이는 것이 무엇보다 중요합니다.

나무와 숲을 함께 보는 교육

제4차 산업혁명 시대(인공지능, 사물 인터넷, 빅데이터, 모바일 등 첨단 정보통신기술이 경제, 사회 전반에 융합되어 혁신적인 변화가 나타나는 차세대 산업혁명(출처 : 네이버 IT용어사전)) 속에서 우리 부모들은 자녀들에게 어떤 교육을 해야 할까요?

첫째, 우리 아이들에게 비판적 사고능력을 키워줘야 합니다. 주입식 단순 암기의 시대는 막을 내렸습니다. 물론 학교 교육과정에서 필요한 암기는 해 주어야 합니다. 이것도 어떻게 보면 훈련이고 학습능력을 높이는 과정이기 때문입니다. 그러나 학교교육에만 주력해서는 안 됩니다. 여러 아이들과 함께하는 공교육은 한 아이, 한

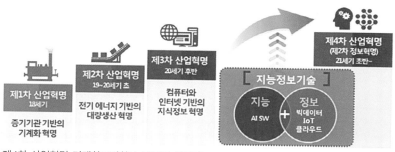

제4차 산업혁명 미래창조과학부 블로그 이미지

아이 사고력을 키우는 수업을 거의 할 수 없습니다. 이것은 생활 속에서 부모님께서 따로 해 주셔야 합니다.

책을 읽는다면 읽는 것으로만 끝나지 말고 내 생각을 덧붙여서 말하는 훈련을 합니다. 나라면 어떻게 했을까? 주인공은 왜 이런 선택을 할 수밖에 없었을까? 결말을 바꿀 수 있다면 어떻게 바꿀 것인가? 끊임없이 생각을 하며 능동적으로 책을 읽어야 합니다. 이 것은 아이 혼자 하기는 쉽지 않습니다. 가끔은 아이가 읽었던 책에 관심을 갖고 이런 질문을 해 주세요. 스스로 이런 생각을 하며 책을 읽을 수 있도록 습관을 들여 주신다면 좋습니다. 평소 사회 전반에 대한 시사 이슈나 여러 가지 문제들에 대해 이야기 나누는 시간을 가져 보세요. 함께하는 식사시간이 가장 좋은 대화 시간이 될 것입니다.

둘째, 많은 경험을 할 수 있게 해주세요. 아이들은 경험을 통해 몸으로 익히는 것에 능숙합니다. 우리 어른들처럼 주저하고 생각하고 따져보지 않습니다. 직접 해보고, 느껴보고 "아하! 이런 거구나."하며 배워 나가게 됩니다. 꼭 비싸고 좋은 체험을 할 필요는 없습니다. 근처 공원만 나가도 많은 식물과 곤충을 관찰할 수 있습니다. 검색해 보면 아이와 함께 갈 좋은 국립 박물관, 미술관도 참 많습니다.

오감을 느끼는 경험을 많이 한 친구들은 인간만이 가질 수 있는 감수성이 높아지게 됩니다. 평일에는 루틴에 따라 학교생활, 학원,

독서, 집 공부 중심으로 충실히 학습 습관을 잡아 주시고, 주말에는 계획을 세워 여러가지 체험을 하게 해 주세요. 아이들은 열심히 공부하고 갖는 뿌듯한 참 휴식의 가치와 만족을 느끼게 되어 자존감도 높아지며, 이것이 반복되면 좋은 습관을 몸에 붙일 수 있게 됩니다.

셋째, 학교생활을 충실히 할 수 있도록 해주세요. 요즘 예전보다 공교육의 권위가 떨어진 것은 사실입니다. 하지만 여전히 학교생활은 아이가 사회성, 협동심, 인내심 등 사회에서 필요한 여러 가지 능력들을 배우고 학습할 수 있는 소중한 공간입니다. 수업에 집중하고 학교에서의 과제들을 충실히 해 나갈 수 있도록 도와주시기 바랍니다.

내년 AI 디지털 교과서의 순차적 도입으로 이제 공교육 현장에서도 디지털의 물결을 피할 수 없게 되었습니다. 그 어느 시대보다도 부모들의 자녀 교육에 대한 관심이 요구되는 시점입니다. 전 세계 유례없는 실험의 장이 된 우리 대한민국 교육. 부디 이 변화 속에서 우리 아이들이 디지털의 장점만을 지혜롭게 취해 세계를 선도하는 인재로 자라나기를, 우려가 긍정적인 확신으로 변하는 AI 교육이 되기를 진심으로 간절히 바랍니다

Part 4.

엄마표 영어 긴급 처방전

영상 노출 SOS

무자막 영상에 영 흥미가 없는 아이

"도무지 집중해서 영상을 보지 않아요."
"계속 돌아다녀요. 앞에서 장난감만 갖고 놀아요."

이것은 주로 영상 노출 막 시작 초반에 나타나는 현상입니다. 처음 영어 무자막 영상을 보여주기 시작하면 두 가지 반대되는 상황을 발견하게 됩니다. 어렸을 때부터 한글 영상을 보여주지 않고 미디어 조절을 잘 하셨던 가정의 경우에는 영어 영상을 정말 좋아하고 몰입해서 보는 것을 볼 수 있습니다. 그러나 평소에 한글 TV

를 많이 보게 하고 유튜브, 게임 등의 자제력을 길러 주지 못한 가정의 경우에는 영어 영상 시청은 재미없고 지루한 활동이 되고 맙니다.

우리 아이 엄마표 영어로 실제적인 영어능력을 키워줘야겠다고 결심하셨다면 한글 TV 시청은 과감하게 끊으시는 것이 좋습니다. 오직 아이가 볼 수 있는 것은 영어 무자막 영상이어야 아이는 재미있게 몰입해서 영상을 볼 수 있습니다. 아예 끊기가 쉽지 않다면 토요일, 일요일 주말에만 볼 수 있도록 해주세요. 유튜브 시청, 게임도 되도록 평일에는 하지 말고 주말을 이용해서 할 수 있으면 좋습니다. 매일매일 하는 10분의 게임이 더 중독을 일으킬 수 있다고 합니다. 주말에 조금 몰아서 해도 좋습니다. 규칙적으로 매일 게임이나 유튜브 시청을 하게 하는 것은 바람직하지 않습니다.

저도 아들 둘을 키워봐서 이것이 얼마나 어려운 일인지 잘 알고 있습니다. 하지만 노력해야 합니다. 그냥 "너 알아서 해라."하고 방치하는 것은 부모로서의 올바른 태도가 아닙니다. 아직 미숙하고 자제력이 부족한 우리 아이들. 자기 조절력은 아이를 위해 반드시 키워 주어야 합니다.

무자막 영상 보기 시작 초반에는 아이와 함께 보시기를 권해 드립니다. "와, 신기한 내용이 많네.""쟤는 왜 저런 거야?""정말 재미있다." 간식 먹으며 영상을 본다면 우리 아이의 반짝반짝 빛나는 눈을 보실 수 있게 됩니다. 돌아다니고 흥미 없어 보여도 꾸준히 틀어주세요. 영상 노출이 1년, 2년 지속될 때까지 돌아다니고 흥미 없어 하지는 않습니다. 귀에 들어가는 것 같지 않아도 꾸준히 노출되고 자극을 받게 되면 조금씩 알아듣게 되는 소리가 늘어나고 집중해서 보는 시간들이 늘어나게 됩니다. 여러 경우들을 보니 빠르면 한 달, 늦어도 6개월 정도에는 무자막 영상에 습관이 들고 집중도가 높아지는 것을 보게 되었습니다. 제가 가장 많이 드리는 말씀이 '꾸준히'입니다. 거기에 해답이 있습니다.

영상만 보려는 아이

"아휴, 도대체 몇 시간째니?"
"엄마, 조금만, 조금만 더."
"이제 그만 보고 꺼."
"아이, 조금만 더 보면 된다니까."

아무리 영상이 영어 배우는 데 도움이 된다고 하지만 최소 하루 1시간, 최대 하루 1시간 30분이면 족합니다. 대부분의 디즈니 애니메이션들은 1시간 30분 정도 상영합니다. 물론 요즘은 영상들이 많이 길어졌지만요.

우선 영상을 틀기 전 아이와 함께 반드시 약속을 해야 합니다.

그런데 여기서 중요한 것은 약속을 지켰을 시에 주는 칭찬, 지키지 못할 시에 주어지는 페널티가 있어야 한다는 점입니다. 약속을 지키지 못했을 때에는 주말에 하는 게임 시간 줄이기, 집안 청소하기 등 서로 충분히 의논하여 정해 주세요. 그리고 이 사항들을 종이에 써 붙여 놓으면 "엄마가 언제 그런 말 했어?" "난 그렇게 한다고 한 적 없는데?"와 같은 실랑이가 훨씬 줄어들게 됩니다.

정해진 시간이 거의 다 되어 갈 때는 10분 전부터 미리 언급하시면 좋습니다. 아이가 마음의 준비를 하는 것이 좋겠지요? "민혁아, 10분 뒤면 영상 꺼야 해. 엄마랑 정한 것 기억나지?" 시간이 되어 알람이 울리면 "민혁아, 시간이 다 됐네? 내일 이어서 보자. 엄마가 끌까? 민혁이가 끌래?"하고 말해 주세요. 매일 이러한 규칙이 정확히 지켜진다면 아이들은 아쉽지만 영상을 스스로 끄게 됩니다. 하지만 이러한 행동은 하루아침에 뚝딱 만들어지지 않습니다. 영상을 틀어주는 초반부터 시간을 지켜 시청하는 습관을 꾸준히 들여 주시기 바랍니다.

영상 자체를 싫어하는 아이

반대로 영상 자체를 싫어하는 아이들이 있습니다. 이런 경우에는 한글 영상도 싫어합니다. 소리나 시각 자극에 너무 예민해서일 수도 있고, 영상을 볼 때 가만히 앉아있는 시간이 지루하고 따분해서일 수도 있습니다.

우선 아이에게 영상 보기가 왜 싫은 것인지 물어보시고 그에 맞는 대책을 강구하는 것이 필요합니다. 소리나 시각 자극에 예민한 아이라면 화면 전환이 많지 않은 잔잔한 영화 위주로 틀어 주시면 좋습니다. 아이가 편안하게 볼 수 있는 영상을 고르도록 하고, 그것이 비록 엄마 마음에 탐탁지 않더라도 우선은 지켜봐 주세요. 또 매일 1시간 정도 틀어놓고 꼭 봐야 한다고 강요하지 마세요. 영어 소리는 아이 귀에 계속 들어가게 됩니다. 조금씩 알아듣는 말들이 생기게 되면 자연스럽게 집중하게 됩니다.

이런 아이들은 이미 본인이 봐서 편안함이 검증된 소수 몇 가지 영상을 계속 돌려보며 반복해서 보는 경향이 있습니다. 한 영상을 몇 달째 보더라도 집중해서 보고 있다면 그냥 두시면 됩니다. 변화는 아주 서서히 일어납니다. 엄마표 영어 방식이 많이 알려지며 요즘 학교에서도 무자막 영상을 보여주는 경우가 있습니다. 그때 친구들과 다양한 영상들을 보며 새로운 재미를 알아가는 경우도 있습니다. 아이의 속도에 맞게 가고 있으니 너무 조바심 내지 마세요.

반면 가만히 앉아 있는 시간이 힘들어 영상 보기를 싫어한다면 되도록 아이와 함께 시청하면서 대화를 나눠주세요. 엄마가 옆에 있을 수 없다면 엉덩이 힘이 길러질 때까지 좋아하는 장난감이나 인형을 갖고 영상을 보게 하시는 것도 괜찮습니다. 영상 보는 힘이 길러지면 그때는 장난감 없이도 잘 볼 수 있을 것입니다. 한 번에 길게 봐야 하는 장편영화보다 20~30분에 끝나는 시리즈물이나 단편 애니메이션을 보는 것도 좋습니다. 하루 두 번 나누어 보게 되면 적정량은 채워지게 되니까요.

원서 읽기 SOS

매번 해석해 달라는 아이

다윤이는 원서를 볼 때 한국어로 하나하나 이해가 되지 않으면
보지 않으려 합니다. 영상을 볼 때도 저게 무슨 말인지 엄마한테
계속 물어봅니다.

"뭐라고 한 거야?"

"콜드(cold)가 뭐야?"

"타이니(tiny)가 뭐야?"

끊임없이 질문합니다. 알파벳을 따라 쓸 때도 조금이라도 점선
에서 벗어나면 지우개로 지우고 다시 쓰고, 다시 쓰고 합니다. 이렇

게 꼼꼼하게 제대로 해내려는 마음가짐은 칭찬받아 마땅한 자세입니다. 하지만 영어라는 언어를 배울 때만큼은 이런 완벽주의를 벗어나야 합니다.

영어와 한국어는 어순과 문화가 매우 달라 서로 배우기 가장 어려운 언어라고 합니다. 포린 서비스 인스티튜트(FOREIGN SERVICE INSTITUTE : 미국 외교계의 직원들을 위한 미국 연방 정부의 주요 언어 훈련 기관)에 따르면 영어가 모국어인 사람들이 배우기 쉬운 언어들의 순서를 5개의 카테고리로 분류했습니다. 간단히 소개해 보면 가장 배우기 쉬운 카테고리 1의 언어는 스페인어, 프랑스어, 포르투갈어, 이탈리아어 등이며 그 다음으로 배우기 쉬운 카테고리 2의 언어는 독일어라고 합니다. 카테고리 3의 언어는 인도네시아어, 말레이시아어이며 카테고리 4의 언어는 체코어, 불가리아어, 몽골어, 러시아어입니다. 마지막 카테고리5 범주의 가장 배우기 어려운 언어는 아랍어, 일본어, 한국어, 중국어라고 합니다.

이렇게 한국어와 영어는 간극이 큰 언어이기 때문에 모두 일대일로 딱 맞고 해석이 되는 것이 아닙니다. 영어를 배울 때는 애매함에 익숙해져야 합니다. 이해가 당장 되지 않더라도 넘어가면서 계속 언어를 관찰하는 시간들이 필요합니다. 우리의 뇌는 추론하는 것에 아주 능숙하기 때문에 충분히 많은 양을 관찰하는 시간들이 지나게 되면 조금씩 규칙들을 도출해 내기 시작합니다.

다윤이는 어떻게 cold와 tiny를 알아가게 될까요?

"아 추울 때 콜드라고 하네. 콧물 나고 기침 날 때도 콜드라고 하는 것 같아."

"어! 초능력으로 타이니, 타이니 하니까 물건이 작아지네? 작은 게 타이니인가 봐."

상황과 맥락을 관찰하며 단어를 익혀 나가기 시작합니다. 이렇게 익힌 단어와 'cold 추운, 감기' 'tiny 아주 작은' 이런 식으로 문자로 일대일로 암기한 단어는 실제 사용하고 써먹을 때 엄청난 차이가 납니다. 영상과 원서로 맥락과 상황에 맞는 단어들을 익힌 아이들은 그 상황이 되면 그 단어가 자연스럽게 나오게 됩니다. 하지만 일대일로 한글과 매칭해서 암기한 친구들은 그 단어를 꺼내려면 머리로 생각을 해야 합니다. 또한 상황과 맥락을 많이 보지 못했기 때문에 상황에 맞지 않는 어색한 표현들을 쓰게 됩니다.

그럼 다윤이와 같은 친구들에게는 어떻게 해야 할까요? 우선 엄마는 해석 자판기가 되어서는 안됩니다. '이거 뭐야?' 하면 '이거', '저거 뭐야?' 하면 '저거' 하며 바로바로 뜻을 말씀해 주시지 마세요. 처음 몇 번은 말해 줄 수도 있겠지만 점점 아이를 다독이며 "다윤아 계속 보다 보면 알게 될 거야. 한번 끝까지 같이 봐 보자. 그럼 다윤이는 이것이 무슨 뜻인 것 같아?" 도리어 아이가 생각해 볼 수 있도록 질문을 해 주시면 좋습니다. 그럴 때 아이가 맞는 뜻을 이야기할 수도 있고 전혀 엉뚱한 뜻을 이야기할 수도 있겠지요. 전혀 엉뚱한 뜻을 이야기해도 "아, 그렇게 생각할 수도 있겠다." 하며 그냥 넘어가 주시면 됩니다. '계속 저렇게 잘못 알고 있으면 어떻게 하지.'하고 걱정되시지요? 노출이 계속되면서 아이는 올바른 뜻으로 점점 수정해 나갑니다. 마음의 여유를 가지세요. 엄마의 그 여유를 아이도 그대로 느끼게 됩니다.

완벽주의 성향의 아이들은 대체로 긴장도가 높은 친구들이기 때문에 "틀려도 괜찮아." "지금 몰라도 차차 알게 될 거야."라며 계속 격려해 주는 과정이 필요합니다. 그럼 질문하는 횟수가 점점 줄어들고 영상과 원서에 오롯이 빠지는 시간이 곧 오게 됩니다.

원서를 싫어하는 아이

"우리 아이는 책을 싫어해요."
"책을 읽으려 하지 않아요."

이것은 영상 시대인 요즘 어쩌면 당연한 일입니다. 우선은 이 사실을 받아들이고 어떻게 하면 우리 아이들에게 책의 재미를 알려줄까 고민해 보아야 합니다. 그런데 100프로 확실한 것은 한글책을 좋아하는 아이가 영어 원서도 좋아한다는 것입니다. 그렇습니다. 원서를 잘 보게 하려면 한글책을 먼저 즐기고 좋아하게 해야 합니다.

가장 효과 좋은 방법은 부모가 최소 하루 30분 책 읽는 시간을 만들어 함께 읽는 것입니다. 아주 어렸을 때부터 습관을 들여 주어 자연스럽게 책을 펼쳐 드는 친구라면 혼자 읽게 두어도 문제가 없습니다. 하지만 책 읽는 습관이 없는 아이인데, 초등 때부터 습관을 잡아 주시려고 한다면 부모님이 함께해야 합니다. 결코 쉽지 않은 일입니다. 그래서 많은 아이들이 책 읽는 학원에 다니고 있는 것이겠지요. 몇 년 동안 매일 책 읽는 시간 30분을 가져주시라는 것이 아닙니다. 꾸준히 실천하신다면 몇 개월 가지 않아 서서히 아이들은 책 읽는 재미를 느끼게 되고, 스스로 책을 펼쳐 드는 감동적인 장면을 보게 되실 것입니다.

이렇게 한글책을 좋아하게 된 아이는 영어 원서도 어렵지 않게 읽게 됩니다. 이제 부모님들은 살짝 빠지셔도 되지만 아이 보는 앞에서 과도한 TV, 스마트폰 시청은 여전히 자제하셔야겠지요? 지금처럼 모든 사람이 책을 읽지 않고 영상에만 빠져 있는 시대. 우리 아이에게 책 읽고 생각하는 습관을 길러준다면 인공지능 시대에 앞서가는 창의적인 인재가 될 것이라고 확신합니다.

어떤 아이든지 처음부터 원서를 좋아하지는 않습니다. 무자막 영상을 보며 쌓이는 맥락과 상황이 많아질수록 원서를 보는 재미도 함께 커집니다. 한글책을 좋아하고 잘 본다면 원서를 좋아하는 것 역시 시간 문제입니다. 아이의 레벨과 비교해 너무 어렵거나 쉬운 것은 아닌지 체크해 주시고, 레벨에 맞는 원서를 보게 해 주시면 됩니다. 집중 듣기를 했을 때 전체의 70~80% 정도 스토리를 머릿속에 그려볼 수 있다면 그것이 아이의 레벨에 맞는 책이라고 볼 수 있습니다.

문자 읽기를 힘들어 하는 아이

영어 단어나 문장 읽기를 힘들어 하는 아이의 어머님께 꼭 여쭤 보는 질문이 있습니다. "어머니, 수호 한글 익히는 것은 어땠나요?" 그럼 정말 기가 막히게 "맞아요. 원장님! 수호 한글도 무척 어렵게 떼었어요."라고 동일하게 이야기합니다. 한글 읽는 것이 더뎠던 친구들은 동일하게 영어 문장 읽는 것도 더딥니다. 특히 시각보다 청각에 더 예민한 여자아이들이 남자아이들보다 문자 읽기를 힘들어 하는 경우를 보게 됩니다.

조금이라도 빨리 문자 인지를 시키려면 집중 듣기 할 때 손가락으로 문자를 짚어 소리와 글자를 매칭하며 읽으면 좋습니다. 문자를 읽는다는 것은 소리와 글자의 상관관계를 안다는 뜻입니다. 파닉스 교재 몇 권 떼었다고, 학원에서 6개월 파닉스 과정 들었다고 글자가 술술 읽히는 것은 아닙니다. 영어는 파닉스 규칙에 예외 되는 단어들이 너무 많기 때문입니다. 먼저 엄마들이 영어 글자 읽는 것은 쉽지 않은 일이라는 생각을 먼저 갖고 있어야 합니다. 그래야 아이를 기다려 줄 수 있습니다.

문자들을 수월하게 익혀 나가려면 단어나 문장의 소리를 들어보고 스스로 반복해서 읽어 보아야 합니다. 이때 엄마가 가르쳐 주는 것도 좋지만, 그것이 쉽지 않다면 세이펜이 큰 도움이 됩니다. 세이펜이나 CD 등 음원을 들으면서 글자를 보며 쉐도잉을 합니다. 그리고 스스로 다시 읽어봅니다. 한 번 글자 보며 쉐도잉을 했다고 그 문자들을 모두 완벽히 읽어내는 것은 아닙니다. 막히는 글자가 나올 때마다 세이펜을 찍어보며 소리를 들어보고 연습을 계속합니다. 그리고 이 책을 본인이 스스로 자연스럽게 소리 내어 리딩이 될 때까지 반복해서 연습하는 것이 중요합니다. 그렇게 잘 읽게 되면 글밥을 빨리 높이는 것이 아니라 충분히 비슷한 글 밥의 책을 많이 읽어 나가며 조금씩 단계를 높여가면 됩니다. 그리고 소리 내어 읽기 연습하는 책을 집에서 계속 흘려듣기(아이가 집중도 있는 활동을 하지 않을 때 라디오처럼 귀로 들려주는 영어 소리) 해주는 것도 큰 도움이 됩니다.

그런데 이렇게 읽기 과정을 연습할 때 중요한 것은 무자막 영상도 꾸준히 보아야 한다는 것입니다. 충분한 소리 노출로 영어의 리듬감, 억양이 몸에 체화되면 읽기 과정도 훨씬 쉽게 진행될 수 있습니다. 아이들마다 속도가 모두 다릅니다. 포기하지만 않으면 언젠가는 읽게 됩니다. 저는 이러한 사례를 너무도 많이 보아왔습니다. 효과적인 방법으로 꾸준히만 연습시켜 주세요. "어머나! 그새 많이 늘었네."하는 날이 반드시 오게 됩니다.

또한 '구글 리드어롱(Google Read along)'을 검색하셔서 AI와 읽기

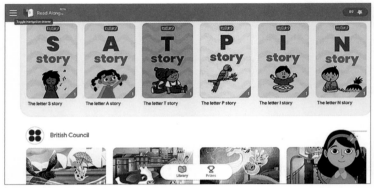

구글 리드어롱(https://readalong.google.com)

훈련을 재미있게 하는 것도 좋습니다. 스토리를 통해 F나 V 같은 한 국어에 없는 발음이 까다로운 단어들을 집중적으로 연습할 수 있고 맞게 읽었다면 별을 모으며 게임처럼 즐겁게 연습이 가능합니다.

스피킹 SOS

영어로 말을 하려 하지 않는 아이

영어를 노출한 지 몇 년의 시간이 지났는데도 영어로는 거의 말하지 않는 아이들이 있습니다. 가만히 살펴보면 이런 친구들은 한국어 말할 때도 과묵합니다. 소위 뭔가 나서서 까불거리고 조잘대는 스타일이 아닌 거지요. 엄마는 이런 아이의 성향을 이해해야 합니다. 지나가는 말로라도 "너는 몇 년을 들었는데, 어쩜 한 마디도 못하니?"라고 하면 아이는 더욱 입을 굳게 닫습니다. 이런 과묵한 친구들의 경우 아웃풋이 어느 순간 차고 넘쳐 자신도 모르게 영어가 툭 나오는 경우가 있습니다. 이럴 때 역시 엄마가 너무 호들갑을 떨면 안 됩니다.

"어머! 너 영어 했어? 뭐라 한 거야? 어머나! 어머나! 말이 나오긴 나오는구나!"

이렇게 주목하고 놀라면 이 친구들은 또 뒤로 숨어 버립니다. 부담이 되는 것이지요. 무던하게 못 들은 척, 하지만 살짝 칭찬은 해야 합니다.

"어머나, 우리 태현이가 열심히 영상 보더니, 영어 말이 조금씩 나오나 보다. 집중해서 잘 봤나 보네."

이 정도의 칭찬이면 족합니다. 아이의 성향에 따라 엄청난 큰 호응과 관심이 필요한 경우도 있고, 이렇게 무심한 듯 툭 던지는 칭찬 정도가 알맞은 친구가 있습니다.

또한 엄마, 아빠가 영어를 아주 잘하는 경우에도 영어로 말을 하려 하지 않습니다. 잘하는 엄마, 아빠 앞에서 나의 영어는 너무 초라하게 보인다고 생각하는 거 같아요. 영어 좀 한다는 엄마, 아빠들은 말하기 힘들어하는 아이를 보며 "이걸 이렇게 못해? 이걸 왜 못해?"하는 생각을 본인도 모르게 하게 됩니다. 그러면 아이들은 그런 느낌을 또 영락없이 느끼게 되지요.

부모님이 영어를 잘하시더라도 아이 앞에서는 모르는 척 연기를 해주시기 바랍니다. 특히 해외여행 갔을 때, 부모님은 더욱더 모르는 척해 주세요. 우리 아이들이 어떡해서든 스스로 소통해 보는 경험을 할 수 있게요. 엄마, 아빠가 먼저 영어를 술술 이야기하고 나서 "자, 이제 네가 한번 해 봐!"라고 한다면 아이는 주눅이 들고 "몰라, 나 영어 못해!"하며 나서지 않으려 할 것입니다.

지금 우리가 살고 있는 환경에서는 굳이 영어로 말을 해야 할 일들이 거의 없습니다. 하지만 나중에 영어를 필수적으로 써야 할 일들이 생긴다면 과묵한 우리 아이도 반드시 영어로 소통할 날이 오게 됩니다. 려원이와 성규는 엄마표 영어 3년 진행하는 동안 스스로는 영어로 거의 말을 하지 않던 아이들이었습니다. 하지만 아빠 회사 파견으로 중국으로, 또 모로코로 갔습니다. 막상 영어를 사용하는 현장을 가니 아이들은 달라졌습니다. 현지에서 보내주신 어머님들 카톡을 한번 읽어 보세요.

아이보람하며 매일 듣고 보고 쓰고 읽던게
정말 헛된 시간이 아니었던지
두아이 모두 감사하게도 수업을 알아 듣고
과제를 수행하고 선생님,친구들과 의사소통의
별어려움없이 잘 지내고 있답니다~~
▨이는 입학하고 한동안은 영어때문에 수학 성적 밖에
기댈곳이 없다고 들었던 말과 달리 기특하게도
줄줄이 에세이를 써야하는 과목들도 시험에서
만점을 받아 오기도 하네요
▨이는 아직 어려 쓰기 연습이 덜 되어
걱정 했던 것과 달리 EAL과정도 생략하고
요즘은 반에 새로 전학 온 한국친구를
도와주고 있답니다~

중국 국제 학교에 입학한 김*원 어머님 카톡

초롱초롱 무지

네 저도 저지만 😊가 정말 걱정을
한가득 안고 학교에 갔거든요.
친구들도 너무 좋고 선생님도 학교도
좋다면서 벌써부터 계속 모로코에
살고싶다고 할 정도예요.

초롱초롱 무지

네 적응 너무 잘하고 즐거워해요.
영어가 부담스럽지 않고 잘 되니
같이 배우는 다른 외국어인 프랑스어나
아랍어에 대해서도 거부감이 없어요. 다
재미있다고 합니다.

모로코 국제 학교에 입학한 양*규 어머님 카톡

소리 내어 읽기를 싫어하는 아이

문자를 읽을 수 있게 되면 소리 내어 읽는(음독) 연습을 하는 것이 좋습니다. 이것이 영어로 말을 하는 튼튼한 기초 초석이 되는 것이거든요. 하루 15분~20분 정도 하면 좋습니다. 하지만 목이 아프다고, 하기 귀찮다고 싫어하는 아이들이 있습니다. 그렇다고 효과가 좋은 이 방법을 포기하기에는 아쉽습니다. 어떻게 하면 좋을까요? 아래 4가지 방법으로 아이가 소리 내어 읽기에 흥미를 붙일 수 있게 해주세요.

첫 번째, 시중에서 판매하는 장난감 마이크를 이용해 소리 내어 읽는 것입니다. 마이크를 들게 되면 내가 주인공이 된 듯합니다. 지루한 연습이 흥미로운 활동으로 바뀔 수 있습니다.

두 번째, 엄마와 차례대로 페이지를 번갈아 가며 함께 읽는 것입니다. 우리 아이들이 가장 좋아하는 엄마. 엄마와 같이 한다면 아이는 그 자체로 즐거워하고 행복해할 수 있습니다.

세 번째, 아이의 읽는 소리를 매번 휴대폰으로 녹음하는 것입니다. 사람은 내가 성장하고 있다는 믿음이 있어야 그 행동을 계속해 나갈 수 있다고 합니다. 해도 해도 발전이 느껴지지 않고, 끝이 보이지 않는다면 얼마나 답답하고 무기력할까요? 매일 힘들게 연습하는 아이는 본인의 성장을 어렴풋이 느낄 뿐입니다. 이때 엄마가 며칠 전 녹음과 오늘 녹음을 함께 들려주며 조금이라도 나아진 부분들을 체크해 주고 응원해 준다면 아이는 얼마나 힘이 날까요?

마지막으로 관중들 앞에서 소리 내어 읽기입니다. 관중들은 다름 아닌 아이가 좋아하는 인형, 애완동물, 장난감들입니다. 아이들의 상상력은 무한합니다. 이것을 이용해 인형들에게 이야기를 들려주게 하는 것입니다. 강아지, 고양이, 앵무새, 거북이, 심지어 애완 식물들에게 영어 이야기를 들려줍니다. 자칫 지루하고 힘들 수 있는 활동들이 엄마의 반짝이는 아이디어로 즐거운 활동으로 변할 수 있습니다. 어머님들 힘내세요!

영어의 리듬감을 따라 하기 힘든 아이

영어책을 소리 내어 읽을 때, 발음은 비교적 정확한데 리듬감이나 억양이 어딘지 어색해서 영어스럽지 않게 들리는 경우들이 있습니다. 고학년에 엄마표 영어를 시작한 경우 이미 모국어가 깊이 체화되어 있기에 한국어스러운 악센트로 영어를 읽는 아이들이 있습니다.

하지만 이것은 큰 문제가 되지 않습니다. 전 세계 사람들은 이미 본인의 모국어 억양으로 영어를 사용하면서 서로 소통하고 있습니다. 하지만 원어민스러운 영어에 집착하는 우리 한국 엄마들에게는 어딘지 어색한 영어발음은 상당히 신경 쓰입니다.

어떻게 하면 우리 아이에게 영어 특유의 리듬감을 높여 줄 수 있을까요? 우선 아이가 노래의 음정을 잘 따라 부르는지 체크해 보시기 바랍니다. 잘 부르는 것까지는 아니고, 음정을 제대로 맞추어 부르는지 정도만 보시면 됩니다. 혹시나 제대로 맞추지 못한다면 노래 연습을 먼저 하면 좋습니다. 디즈니 OST같은 팝송이면 더 좋겠지요? 노래 부르는 것이 쉽지 않다면 원서 흘려듣기를 하며 쉐도잉이나 허밍(입을 열지 않고 목소리만으로 멜로디를 따라 해 보는 것)으로 영어의 리듬감을 계속 흉내 내는 것도 좋습니다.

노래의 음정을 제대로 맞추어 부르는 것과 영어 리듬감은 상당히 밀접한 관계가 있습니다. 가수들의 경우 본인 연습량에 따라 다르겠지만 대부분 상당히 자연스럽게 영어로 이야기하는 것을 볼 수 있습니다.

중간중간 소리 내어 읽는 영상을 녹화해서 아이와 함께 들어보고 변화 과정을 관찰해 보세요. 처음보다 분명히 자연스러워진 영어 억양과 인토네이션이 나오는 것을 볼 수 있습니다.

글쓰기 SOS

연필 잡고 쓰기를 싫어하는 아이

연필을 잡고 쓰는 자체를 싫어하는 남자 아이들이 종종 있습니다. 남자 아이들은 대체적으로 신체 에너지가 넘치기 때문에 조용히 앉아서 그림을 그린다든가 색칠공부를 한다든가 하는 경험이 여자아이들보다는 적습니다. 그래서 더욱 필기를 싫어하는 것이 아닌가 합니다.

또한 학습할 때 태블릿을 점점 더 많이 사용하고 직접 글을 쓰는 활동이 현저하게 적어진 영향도 있습니다. 그런데 이런 학생들이 대개 통각에 예민한 경우가 있습니다. 어머님께 여쭈어 보면 주사를 맞는다든지 어딘가 다칠 때 굉장히 무서워하고 아파한다고 합니다. 연필을 잡고 노트에 꾹꾹 눌러쓴다는 것은 손가락에 어느 정도의 통증을 유발하는 행동이고 예민하게 그 감각을 느끼는 것이지요. 우선 이런 원인을 이해하는 것이 먼저입니다.

"왜 이렇게 쓰기를 싫어하니?"
"글씨가 이게 뭐니?"
이렇게 윽박지를 것이 아니라 우리 아이에 맞는 대책을 세워야 합니다. 그럼 어떻게 해야 할까요?
우선은 평소 아이가 좋아하는 캐릭터를 프린트해 주세요. 시중에 판매하는 색칠공부 말고 되도록 포켓몬스터나 로봇 등 내 아이만의 취향 저격 그림이어야 합니다. 그래야 색연필로 색칠할 때 힘들지 않습니다. 슬슬 칸만 채우는 색칠이 아니라 손가락에 힘을 주고 되도록 진하게 색칠할 수 있도록 해주세요. 색칠공부는 유아 때부터 자주 했던 활동입니다. 그때 꾸준히 규칙적으로 하지 못했다면 지금은 신경써서 거의 매일 할 수 있도록 해주세요. 처음엔 5분 정도, 점점 시간을 늘려 주시면 됩니다.
어떤 일이든 자주 하게 되면 내성이 생기게 되어 힘이 덜 들게 됩니다. 또한 글씨를 잘 쓰기 위해서는 연필 잡는 자세, 글씨 쓰는 자세, 직선과 동그라미, 사선 등을 똑바로 잘 그을 수 있는 기본기가 필요하기 때문에 《초등 바른 글씨 트레이닝 북》과 같은 책을 참

고해서 꾸준히 연습하는 것도 도움이
됩니다.

쉬는 시간에 스마트폰 하고 컴퓨
터 하며 손가락만 톡톡 움직이는 것
이 아니라 색칠공부나 레고 놀이, 종
이접기 등을 통해 손가락에 힘을 주
는 활동을 자주 하는 것이 좋습니다.
태권도, 축구 등 운동을 통해 다른
사람과 몸을 부딪치는 경험을 많이
하면서 통증에 대한 민감성을 낮추는
것도 도움이 됩니다.

출처 : 초등 바른 글씨 트레이닝 북 / 예스24

"우리 아이는 쓰는 것을 너무 싫어해요."하고 방치할 것이 아니
라 이런저런 활동들을 하면서 아이를 기다려 주세요. 학년이 올라
갈수록 거부감이 줄어들게 됩니다.

글쓰기가 힘든 아이

글을 쓴다는 것은 아이뿐만 아니라 성인에게도 쉬운 일이 아
닙니다. 이미 인풋으로 여러 가지 배경지식이나 정보들이 머릿속
에 들어 있고 그것을 끄집어 내는 활동이 바로 글쓰기이기 때문입

니다. 아이보람에서는 3년 차 영어일기 쓰기 과정에서 다른 아이가 쓴 문법 교정된 일기를 먼저 베껴쓰게 합니다. 예시를 먼저 보아야 흉내를 내며 글을 쓸 수 있게 됩니다. 앞장에서도 말씀드렸듯이 시중에 있는 '초등 영어 일기 쓰기' 관련 책들을 구매해서 그 문장을 베껴 쓰는 것부터 시작하게 해 주세요. 또한 그동안 영상 보기, 원서, 한글책 읽기 등 인풋이 충분히 주어졌는지 점검이 필요합니다. 그 과정이 충분치 않았다면 인풋부터 더 많이 쌓아야 합니다.

영어 글쓰기가 어렵다면 우선 한글 일기를 꾸준히 써보게 합니다. 결국 모국어에서 모든 생각이 나오기 때문입니다. 한글 일기 쓰기가 어느 정도 습관이 되면 이제는 영어로 한글 문장들을 바꾸어 봅니다. 최대한 문장들을 끊어 간단하게 쓰면 됩니다.

예를 들어 '놀이터에 갔는데 같은 반 친구가 있어서 같이 놀다가 더워서 편의점에 가서 아이스크림도 먹고, 음료수도 먹었다. 기분이 좋았다.'라고 썼다면 최대한 간단하고 단순한 영어로 표현해 보게 합니다. 한글로는 과거형이지만 우선 글쓰기 초반이니 친숙한 현재형으로 쓰게 해주세요. 아이가 아래와 같이 영어 문장으로 바꾸었다고 한다면,

I go to playground. There is a frend. We play. I'm hot. We go to store. We eat icecream, drink. I am happy.

챗지피티(ChatGPT)에게 이 문장의 스펠링 오류는 없는지, 문법적으로 올바른 문장인지 물어봅니다. 설명과 함께 아래와 같은 교정된 문장을 보여주네요.

> I go to the playground. There is a friend. We play. I'm hot. We go to the store. We eat ice cream and drink. I am happy.

글쓰기 초기에는 교정이나 첨삭이 오히려 독이 되어 아이가 편안하게 글을 쓰지 못하게 합니다. 우선 어머님께서는 올바른 문장 표현을 알고 계시다가 잘못된 표현이 계속 반복되면 살짝 툭 치듯 교정해 주시면 됩니다. 이 과정이 인풋과 함께 꾸준히 지속된다면 아이의 글쓰기 실력은 서서히 좋아질 것입니다.

그런데 만약 아이가 동사 시제 부분을 계속 틀리고 어려워한다면 챗지피티(ChatGPT)에게 '한국 5학년 아이가 영어 공부를 하고 있는데 동사 시제 부분을 어려워 해. 동사 시제 부분을 공부할 수 있게 문법 문제 10개만 만들어 주고 영어 문제 밑에 한글 해석도 써 줘. 답에 대한 해설도 부탁해.' 이렇게 입력하면 문법 문제를 순식간에 죽 만들어 줍니다. 이것으로 아이와 함께 공부해 보는 것도 좋은 방법입니다.

대충 쓰는 아이

아이들이 해온 과제들을 점검하다 보면 시간만 때운 흔적들이 보일 때가 있습니다. 글씨도 엉망이고, 일기 쓰기도 같은 말만 반복하고 페이지만 채운 느낌이 듭니다. 이렇게 어떤 일이든 대충 한다는 것은 인내력, 집중력이 부족해서입니다. 이 두 능력은 성공적인 인생을 살아가는 데 중요한 요소라고 할 수 있지요. 그럼 어떻게 해야 우리 아이의 인내력과 집중력을 키워주어 대충 하는 습관을 고칠 수 있을까요?

먼저 부모님 자신의 모습을 돌아보아야 합니다.

"그냥 해."

"대충 해."

"빨리 해."

이런 말을 입에 달고 살지 않았는지, 성급하게 아이를 재촉하는 말을 자주 하지 않았는지 점검해 보시기 바랍니다. 만약 이런 말을 자주 했었다면 이제 바꾸어 말해 주셔야 합니다.

"천천히 해도 돼."

"제대로 해보자."

"서두르지 않아도 돼."

이렇게요.

또한 아이들은 대체적으로 숙제를 끝낸 후 게임이나 유튜브를 할 수 있을 때 서두르게 됩니다. 게임이나 유튜브는 아이들에게 워낙 강한 자극을 주기 때문에 숙제만 하면 이것들을 할 수 있다는 생각에 대충, 빨리 그야말로 숙제를 해치워 버리게 됩니다. 게임이나 유튜브는 주말에 하게 해 주시고, 숙제가 다 끝난 평일에는 책 읽기, 장난감 갖고 놀기, 그림 그리기, 종이접기 등 좀더 잔잔한 취미생활을 하게 해주세요.

한꺼번에 많은 변화를 만들기는 쉽지 않습니다. 자그마한 것부터 시작하면 됩니다. 현관에 신발을 아무렇게나 벗어놓고 들어온다면 가지런히 정리하는 것부터 지도해 주세요. 식사를 준비할 때 수저를 가지런히 놓게 한다든가, 글씨를 날려 쓰지 않고 또박또박 쓰게 한다든가, 차분하게 참을성을 가지고 할 수 있는 힘을 조금씩 길러 주시기 바랍니다. 그리고 조금이라도 변화가 보인다면 그 부분을 많이 칭찬해 주시는 것이 좋습니다.

"노력하는 모습을 보이니 엄마가 정말 기쁘구나."
"준우가 예전보다 차분하게 글씨를 쓰니, 예쁜 글씨를 보는 준우도 기분 좋을 것 같아."

기분 좋은 마음으로 그 행동을 유지할 수 있도록 격려해 주고 칭찬해 주시기 바랍니다. 부모님과 함께 노력을 계속할 때 우리 아이들은 생각보다 빨리 인내력, 집중력을 배워갑니다.

에필로그

본문에도 여러 번 강조했지만 엄마표 영어를 코칭 하는 시간이 길어질수록 모국어의 힘이 얼마나 중요한가를 뼈저리게 느끼게 됩니다. 한글책을 즐겨 읽어 모국어 힘이 강한 친구들은 원서에서 모르는 단어가 나와도 잘 유추하며 읽습니다. 조금만 더 훈련되면 금방 생각을 조리 있게 말하고, 글을 논리적으로 잘 씁니다. '영어를 잘 하려면 결국 국어를 잘해야 한다.'로 마무리하는 것이 다소 엉뚱하게 들리지만 제가 보고 느낀 것을 사실대로 말할 수밖에 없습니다. 아이가 태어나면 영어 소리를 들려줄 것이 아니라 엄마와 많은 대화를 하고, 한글책을 많이 읽어주어 모국어의 힘을 튼튼이 하는 것이 훨씬 더 중요합니다.

엄마표 영어를 왜 해주어야 할까요? 우리는 아이에게 영어를 편하게 하게 되었을 때의 자유와 많은 기회를 선물로 주고 싶습니다. 그렇습니다. 엄마표 영어는 바로 아이를 위한 것이 되어야 합니다. 엄마의 자랑을 위한 액세서리 중 하나로 아이가 원어민처럼 영어하기를 바래서도 강요해서도 안 됩니다. 엄마표 영어하는 어머님들을 코칭하고 응원하며 마음 깊이 보람을 느끼는 날도 있는가 하면 힘 빠질 때, 우울할 때, 답답할 때도 있습니다. '조금만 더 버텨 보시지.', '왜 아이한테 끌려다니실까', '저렇게 아이 잡으면 안 되는데' 등 갖가지 생각이 듭니다. 그럴 때마다 코칭자이지만 선배 엄마로서 최선을 다해 저의 경험을 말씀해 드리고 올바른 선택을 하실 수 있도록 도와드립니다.

간혹 아이와의 진행이 힘들 때 '내 욕심으로 아이를 끌고 가는 것은 아닌가?'하는 생각이 든다고 하십니다. 하지만 정말 '내 욕심'으로 아이를 끌고 가는 엄마는 그런 생각조차도 하지 않습니다. 엄마표 영어를 진행하는 길은 분명 꽃길만 있지 않습니다. 아이와 항상 하하호호 웃으며 갈 수도 없습니다. 하지만 엄마와 함께 루틴을 잘 잡고 공부습관을 만들어 나가면서 영어에 재미를 조금씩 느껴 나갑니다. 결국은 어느새 무자막 영상을 자유롭게 보고 원어민과 거침없이 소통하고 두꺼운 원서를 즐겨 찾아 읽는 모습을 발견하는 순간 그 동안의 고단함은 기쁨과 보람으로 바뀌게 됩니다. 평생 엄마표 영어를 해야 하는 것이 아닙니다. 아이가 자라는 몇 년 동안만 영어만큼은 '엄마표'로 아이에게 소통하는 즐거운 영어를 선물해 준다면 누군가의 말처럼 내가 태어나서 아이에게 해준 가장 좋은 일이 될 수도 있을 것입니다.

'여호와는 나의 목자시니 내게 부족함이 없으리로다.'

(시편 23:1)

제가 평소에 자주 되뇌는 성경 말씀입니다. 내가 좋아하는 영어로 엄마들을 섬기게 해 주신 주님께 감사드리며, 어느 책에서 보았던 성공의 3가지 요소를 전하며 이 책을 마무리하려 합니다.

성공의 3가지 요소
1. 내가 좋아하는 일을 하고,
2. 그 일이 다른 사람들에게 도움이 되고,
3. 경제적으로 독립이 가능한 일인가?

최고가 되면 좋겠죠. 하지만 그보다 마음이 좋아하는 일을 하는데, 엄마표 영어를 한 우리 아이들이 영어를 도구로 사용할 수 있다면 저는 가장 행복한 사람입니다.

언제나 응원해 주시는 시아버님, 친정 식구들, 항상 바쁜 아내와 엄마를 둔 우리 집 세 남자들에게 사랑한다는 말을 전합니다. 더불어 제 원고를 책으로 세상에 태어나게 해 주신 김영대 대경북스 대표님, 장치혁 대표님께 감사의 말씀을 드립니다. 엄마표 영어를 알리기 위해 불철주야 노력하시는 전국의 아이보람 원장님들, 오늘도 아이와 울고 웃는 배곧센터 어머님들 존경하고 응원합니다!

2024년 선선한 바람이 기분 좋은 가을 아침
류미현 드림

부록

Appendix

1. 재미와 교육 모두 잡는 추천 영상 50
2. 믿고 읽는 추천 원서 70
3. 엄마와 함께하는 실생활 영어표현
4. 엄마와 함께하는 영어 단어 카드놀이
5. 엄마표 영어(아이보람) 후기

NO.	영화 제목	장르	내 용
1	**벤 10** Ben 10	모험/판타지	10살의 소년 벤 테니슨이 외계 기술을 이용해 10가지 다른 외계 생명체로 변신하며 악을 물리치는 모험을 담은 애니메이션입니다.
2	**몬스터 호텔** Hotel Transylvania	모험/판타지	몬스터들만을 위한 호텔에서 일어나는 이야기로, 호텔 주인 드라큘라와 그의 딸이 인간과 몬스터 간의 우정을 발견하는 모험을 그립니다.
3	**미니특공대** Mini Force	모험/판타지	동물 친구들이 슈퍼히어로로 변신해 지구를 위협하는 악당들을 물리치는 모험을 담은 국산 애니메이션입니다.
4	**도라 익스플로러** Dora the Explorer	모험/판타지	귀여운 소녀 도라가 매 에피소드마다 다양한 미션을 수행하며 어린이들에게 지리와 문화에 대한 지식을 가르치는 교육적인 애니메이션입니다.
5	**고 디에고 고!** Go, Diego, Go!	모험/판타지	도라 익스플로러의 사촌 디에고가 야생 동물을 구하는 환경 보호자로 나서는 이야기로, 동물과 자연에 대한 사랑을 심어주는 프로그램입니다.
6	**모아나** Moana	모험/판타지	폴리네시아의 전설을 바탕으로 한 이 디즈니 영화에서는 모아나라는 소녀가 자신의 부족을 구하기 위해 대모험을 떠나는 이야기를 그립니다.
7	**아바타:아앙의 전설** Avatar: The Last Airbender	모험/판타지	네 개의 원소(물, 땅, 불, 공기)를 모두 조종할 수 있는 마지막 생존자 '아앙'과 그의 친구들이 세계의 균형을 회복하기 위한 모험을 펼치는 이야기입니다.
8	**제로니모의 모험** Geronimo Stilton	모험/판타지	모험을 즐기는 쥐인 제로니모 스틸턴이 독특한 친구들과 함께 세계 곳곳을 여행하며 미스터리를 해결하는 시리즈입니다.
9	**트리푸톰** Tree Fu Tom	모험/판타지	소년 톰이 마법의 능력을 사용하여 친구들과 함께 판타지 세계에서 벌어지는 문제들을 해결하는 모험을 하는 애니메이션입니다.
10	**틴틴의 모험** The Adventures of Tintin	모험/판타지	용감한 기자 틴틴과 그의 충실한 개 밀루가 전 세계를 여행하며 다양한 미스터리를 해결하는 모험을 그린 애니메이션입니다.

11	마이리틀 포니 My Little Pony	모험/판타지	마법의 땅 '에쿠에스트리아'에 사는 포니들이 우정과 마법을 통해 난관을 극복하는 모험을 보여주는 시리즈입니다.
12	레이디버그 Miraculous: Tales of Ladybug & Cat Noir	모험/판타지	파리를 배경으로 평범한 청소년이었던 두 주인공이 '레이디버그'와 '블랙캣'으로 변신하여 악당과 싸우는 이야기입니다
13	산적의 딸 로냐 Ronja, the Robber's Daughter	모험/판타지	산적의 딸 로냐가 숲에서 다양한 생물과 마주치며 성장하는 과정을 그린 이야기입니다.
14	시간여행 삼총사 Time Warp Trio	역사	삼총사가 마법의 책을 사용해 시간을 여행하며 역사적인 모험을 겪는 시리즈입니다.
15	호러블 히스토리 Horrible Histories	역사	역사적 사실과 인물들을 유쾌하고 재미있게 재해석하여 어린이들에게 역사를 교육하는 프로그램입니다.
16	저스틴의 시간탐험대 Justin Time	역사	소년 저스틴이 친구들과 함께 과거와 미래를 여행하며 역사와 문화에 대해 배우는 애니메이션입니다.
17	리지 맥과이어 Lizzie McGuire	코믹	청소년 리지 맥과이어가 학교 생활과 개인적인 성장을 겪으며 친구들과 함께하는 일상을 담은 드라마 시리즈입니다.
18	보글보글 스폰지밥 SpongeBob SquarePants	코믹	바닷속 도시 비키니 바텀에서 살고 있는 스폰지밥과 그의 친구들의 재미난 일상을 그린 애니메이션입니다. 재미는 있지만 교육적인 질은 떨어져 초등 3학년 이상 시청 추천합니다.
19	호리드 헨리 Horrid Henry	코믹	말썽꾸러기 소년 헨리가 가족과 학교 생활 속에서 겪는 우스꽝스러운 사건들을 담은 시리즈입니다.
20	삐삐 롱스타킹 Pippi Longstocking	코믹	삐삐 롱스타킹은 강하고 독립적인 소녀로, 그녀의 기상천외한 모험과 주변 인물들과의 우정을 그린 이야기입니다.
21	웨이사이드 스쿨 Wayside	코믹	특이한 구조의 학교에서 일어나는 기묘하고 웃긴 일들을 다룬 어린이 애니메이션입니다.
22	찰리와 롤라 Charlie and Lola	일상	찰리는 자신의 동생 롤라를 위해 문제를 해결해주는 오빠로 두 남매의 일상을 다룬 애니메이션입니다.

23	**맥스 앤 루비** Max & Ruby	일상	두 토끼 남매 맥스와 루비가 함께 생활하며 겪는 일상과 모험을 그린 애니메이션입니다.
24	**클리포드 퍼피데이** Clifford the Big Red Dog	일상	큰 빨간 개 클리포드와 그의 주인 에밀리 엘리자베스가 함께하는 모험을 다루는 이야기입니다.
25	**밀리 몰리** Milli Molli	일상	밀리와 몰리는 서로 다른 성격을 가진 쌍둥이 자매로, 일상생활 속에서 다양한 사건을 해결합니다.
26	**티모시네 유치원** Timothy Goes to School	일상	유치원에 다니는 티모시가 새로운 친구들과 만나며 겪는 이야기를 그린 어린이 애니메이션입니다.
27	**우리는 곰돌이 가족** We're the Bear Family	일상	곰돌이 가족의 일원들이 가족 사랑과 삶의 중요한 교훈을 나누는 모습을 담은 애니메이션입니다.
28	**까이유** Caillou	일상	호기심 많은 4살 소년 까이유가 부모님, 할머니와 함께 다양한 경험을 하며 성장하는 모습을 보여줍니다.
29	**리틀 베어** Little Bear	일상	어린 곰 '리틀 베어'가 친구들과 함께하는 모험과 상상의 세계를 탐험하는 이야기입니다.
30	**투피와 비누** Toopy and Binoo	일상	마우스 투피와 그의 작은 친구 비누가 상상력 넘치는 모험을 즐기는 애니메이션 시리즈입니다.
31	**아서 시리즈** Arthur	일상	안경을 쓴 아서와 그의 가족, 친구들이 일상생활 속에서 겪는 학교와 친구들간의 에피소드들을 다룹니다.
32	**엘로이즈** Eloise	일상	뉴욕의 플라자 호텔에서 사는 호기심 많은 소녀 엘로이즈의 모험을 담은 이야기로, 호텔에서 벌어지는 다양한 사건들을 다룹니다.
33	**리틀 프린세스** Little Princess	일상	호기심 가득한 소녀인 리틀 프린세스가 자신의 작은 왕국에서 겪는 재미있고 교훈적인 이야기를 보여줍니다.
34	**클로이 요술 옷장** Chloe's Closet	일상	클로이는 상상력을 발휘해 옷장 속에서 매번 새로운 캐릭터로 변신하며 판타지 모험을 즐깁니다.

35	퍼피 구조대 PAW Patrol	일상	용감한 강아지 구조대가 능력을 발휘하여 어려움에 처한 사람들을 돕고 마을을 지키는 이야기입니다.
36	핑크공주 Pinkalicious & Peterrific	일상	핑크를 사랑하는 소녀 핑크리셔스와 그녀의 동생 피터가 상상력과 창의력을 발휘해 모험을 펼치는 시리즈입니다.
37	블루이 Bluey	일상	호주에 사는 6살 블루 힐러 개 블루이가 가족과 함께 일상에서 벌어지는 모험을 즐기는 이야기입니다.
38	사라 앤 덕 Sarah & Duck	일상	7살 소녀 사라와 그녀의 베스트 프렌드인 오리가 펼치는 작고 포근한 모험을 그린 애니메이션입니다.
39	티시태시 Tish Tash	일상	작은 곰 티시와 그의 장난감 공룡 태시가 함께 상상의 세계를 탐험하며 우정을 나누는 이야기입니다.
40	헤이더기 Hey Duggee	일상	사랑스러운 개 더기가 스카우트 그룹의 리더로 활동하며 아이들에게 새로운 것들을 가르치는 에피소드를 담고 있습니다.
41	블루스 클루스 Blue's Clues	일상	사람과 애니메이션 강아지 블루가 함께 힌트를 찾아 문제를 해결하는 어린이 프로그램입니다.
42	바바파파 Barbapapa	일상	바바파파는 어떠한 모양으로도 몸을 바꿀 수 있습니다. 모양 바꾸기와 뛰어난 상상력으로 어려운 문제들을 극복하곤 합니다.
43	해리와 공룡친구들 Harry and His Bucket Full of Dinosaurs	일상	해리는 자신의 양동이 속 공룡 친구들과 함께 상상의 세계인 디노월드로 여행을 떠납니다.
44	옥토넛 Octonauts	자연/과학	해저 탐험을 하는 옥토넛 팀이 바다 생물들을 구조하고 해양 과학에 대해 배우는 내용을 다룹니다.
45	와일드 크래츠 Wild Kratts	자연/과학	크래트 형제가 야생동물의 비밀을 탐험하며 동물과의 멋진 만남을 경험하는 애니메이션입니다.

46	**신기한 스쿨버스** The Magic School Bus	자연/과학	프리즐 선생님과 그녀의 학생들이 마법의 스쿨버스를 타고 과학적 모험을 떠나는 시리즈입니다.
47	**꼬마 과학자 시드** Sid the Science Kid	자연/과학	호기심 많은 시드가 과학적 방법을 사용하여 주변 세상의 이해하려고 노력하는 모습을 보여줍니다.
48	**발명왕 에디슨의 비밀 실험실** Thomas Edison's Secret Lab	자연/과학	아이들이 토마스 에디슨이 남긴 비밀 실험실을 발견하고 과학적 지식을 활용하는 이야기를 담고 있습니다.
49	**엘리노어는 궁금해** Elinor Wonders Why	자연/과학	자연 세계에 대한 궁금증을 가진 엘리노어가 친구들과 함께 탐구하는 과정을 그린 어린이 애니메이션입니다.
50	**더 캣 인더 햇** The Cat in the Hat Knows a Lot About That!	자연/과학	캣 인더 햇이 두 어린이 친구와 함께 매직 햇을 타고 모험을 떠나면서 다양한 주제에 대해 배우는 내용입니다.

웬디북 웹사이트(영어원서 전문 인터넷서점 www.wendybook.com)에서 음원이 있고 꼭 읽고 넘어가면 좋을 책들만 엄선했습니다.

AR

미국의 르네상스 러닝 사에서 개발한 AR지수는 책의 난이도와 길이를 기반으로 하며, 학생들이 자신의 독서 수준에 맞는 책을 선택할 수 있도록 돕습니다. 예를 들어 2.2는 미국 현지 기준 초등학교 2학년 2개월인 아이가 읽기에 적합한 도서 라는 의미입니다.

NO.	책 제목	AR	내 용
1	Clifford Phonics Fun	0.5~1.9	큰 빨간 개 클리포드와 그의 친구들이 함께하는 흥미진진한 모험을 통해 아이들에게 읽기와 발음 규칙을 소개합니다.
2	Usborne My First Reading	0.5~2.0	아이들의 독서 능력을 단계적으로 발달시키기 위해 설계된 어스본(Usborne) 출판사의 시리즈입니다. 이야기는 종종 모험, 마법, 동물, 그리고 일상 생활의 사건들을 포함하여 아이들의 관심을 끌고 상상력을 자극합니다.
3	Don't Let the Pigeon Drive the Bus!	0.9	버스 운전사가 잠시 자리를 비운 사이, 비둘기가 버스를 운전하지 못하게 해달라고 부탁합니다. 비둘기의 교묘한 설득에 대항하여 '아니오'라고 말하는 데에서 즐거움을 느낄 수 있습니다.
4	Fly Guy and Buzz Deluxe	1.3~2.1	소년 버즈와 그의 파리 친구 플라이 가이의 모험을 담은 이야기로, 우정과 호기심을 탐구합니다.
5	We're Going on a Bear Hunt	1.3	한 가족이 곰을 찾아 나서는 대담한 모험을 그린 이야기로, 용감함과 함께 자연을 탐험하는 즐거움을 전달합니다.
6	My Dad	1.4	아이의 눈에 비친 아빠는 슈퍼히어로처럼 느껴지며, 아버지와 자녀 간의 깊은 유대감을 보여줍니다.
7	The Little Mouse, the Red Ripe Strawberry, and the Big Hungry Bear	1.5	작은 쥐가 커다란 배고픈 곰으로부터 빨간 익은 딸기를 지키려는 이야기로, 나누는 기쁨과 문제해결의 중요성을 가르치고 있습니다.
8	Hop on Pop	1.5	닥터 수스의 책으로 다양한 문자와 라임을 사용하여 즐겁고 유쾌한 방식으로 아이들에게 언어의 리듬을 소개합니다.
9	Green Eggs and Ham	1.5	닥터 수스의 책으로 샘아저씨가 주인공에게 녹색 계란과 햄을 시도해보게 하는 이야기로, 새로운 것들을 시도하는 중요성을 강조합니다.

10	Brown Bear, Brown Bear, What Do You See?	1.5	반복적인 패턴과 간단한 구문을 사용하여 아이들이 색깔과 동물 이름을 학습할 수 있도록 합니다. 에릭 칼의 명확하고 생생한 삽화는 책의 내용을 쉽게 이해할 수 있게 합니다.
11	One Lighthouse One Moon	1.7	한 등대를 중심으로 하루 동안, 그리고 하늘에서 달이 지나가는 한 달 동안 발생하는 변화를 통해 숫자를 가르칩니다.
12	Joseph Had a Little Overcoat	1.7	조셉의 낡은 오버코트가 여러 가지 다른 용도로 변신하는 과정을 통해 자원을 절약하고 물건의 가치를 최대한 활용하는 것의 중요성을 전달하는 동시에, 끝이 아닌 새로운 시작을 의미하는 것에 대해 가르칩니다.
13	Quick as a Cricket	1.7	자신을 다양한 동물들과 비교하면서, 자신이 얼마나 여러가지 감정과 특성을 가지고 있는지를 발견하게 합니다. 자신들이 가진 다양한 성격과 능력을 인정하고 사랑할 수 있는 방법을 보여줍니다.
14	Five Little Monkeys Jumping on the Bed	1.8	다섯 마리 귀여운 원숭이가 침대에서 뛰어놀다 하나씩 떨어지는 이야기로, 숫자 세기와 함께 건강한 잠자리 습관을 가르칩니다.
15	Goodnight Moon	1.8	아이가 잠자기 전 방 안의 모든 것에게 안녕을 하는 단순하면서도 마음을 편안하게 하는 밤 시간의 루틴을 보여줍니다.
16	Arthur Starter	1.8	아서라는 안경을 쓴 주인공의 가족, 친구들의 이야기를 담고 있습니다. 각 권에서 아서는 일상 생활에서 마주하는 다양한 상황과 도전을 경험합니다.
17	Nate the Great	2.0~2.9	Nate는 어린이 탐정으로서 지혜와 침착함으로 많은 사랑을 받으며, 어린이 추리 소설의 클래식으로 자리 잡았습니다. 자신의 문제를 해결하는 데 필요한 논리적 사고와 결단력을 개발하는 데 도움을 줍니다.

18	The Cat in the Hat	2.1	닥터 수스가 쓴 이 책은 바깥은 비가 오고 있고 아이들은 할 일이 없어 지루해하고 있습니다. 이때, 장난을 좋아하는 거대한 고양이가 모자를 쓰고 등장하며 모험이 시작됩니다.
19	Little Princess	2.1	작은 공주를 중심으로 한 이야기를 담고 있으며, 각기 다른 일상적인 상황들과 그 상황에서의 공주의 반응을 그리고 있습니다. 아이들이 일상 생활에서 마주치는 문제들을 해결하는 방법을 배우도록 돕습니다.
20	Papa, Please Get the Moon for Me	2.2	한 아이가 달을 가지고 싶어하고 아빠가 그 소원을 이루어주려고 노력하는 이야기로, 가족 사랑과 우주에 대한 호기심을 자극합니다.
21	There Was An Old Lady Who Swallowed	2.2~2.5	전통적인 노래를 기반으로 한 시리즈는 한 노파가 점점 더 큰 물건들을 삼키는 유머러스한 이야기로, 원인과 결과를 탐구합니다.
22	Arthur Adventure	2.2~3.2	아서와 그의 친구들이 겪는 일상적인 문제들을 해결하는 이야기로, 아이들에게 우정, 정직, 그리고 용기에 대해 가르칩니다.
23	I Love You Because You're You	2.3	변함없는 어머니의 사랑을 보여주며, 아이들이 감정의 다양성을 이해하도록 돕습니다.
24	Who Sank the Boat?	2.4	여러 동물들이 차례로 작은 보트에 올라타는 이야기로, 마지막에는 누가 보트를 가라앉혔는지를 밝히며 원인과 결과에 대한 개념을 소개합니다.
25	The Gruffalo's Child	2.5	호기심 많은 그루팔로의 아이가 아버지의 경고에도 불구하고 "Big Bad Mouse"를 찾아 숲으로 모험을 떠나는 이야기입니다. 기발한 전개와 놀람으로 가득 찬 모험을 통해, 아이들에게 자신의 두려움을 이기고 모험을 떠나는 용기에 대해 가르칩니다.

26	Jesse Bear, What Will You Wear	2.5	제시 베어가 아침에 일어나서 하루를 시작하는 장면으로 시작됩니다. 그는 무엇을 입을지, 아침 식사로 무엇을 먹을지, 그리고 놀이 시간에 무엇을 할지 등, 하루 종일 할 일들에 대해 생각합니다. 이야기는 제시 베어의 일상 생활을 통해 소소한 일상의 즐거움과 발견을 보여줍니다.
27	Silly Sally	2.6	주인공이 머리를 밑으로 하고 거꾸로 걸어가면서 마을로 가는 여정을 그립니다. 그녀의 기상천외한 여행 동안, 여러 동물 친구들을 만나고 각각의 만남에서 재미있는 활동들을 함께 합니다.
28	The Giving Tree	2.6	한 나무와 소년의 일생에 걸친 관계를 그린 책으로, 무조건적인 사랑과 희생에 대한 감동적인 이야기를 담고 있습니다.
29	Magic Tree House	2.6~3.7	남매인 잭과 애니가 마법의 나무 집을 통해 과거로 여행하면서 역사와 지리에 대해 배우는 모험 시리즈입니다.
30	Curious George	2.6	호기심 많은 작은 원숭이 조지가 다양한 모험을 겪으며 세상을 배워가는 과정을 담은 이야기로, 탐구정신과 결과에 따른 책임을 강조합니다.
31	Junie B. Jones	2.6~3.1	주니 비 존스의 관점에서 이야기되며, 유치원에서 나중에는 초등학교를 경험하면서 겪는 다양한 모험을 그리고 있습니다. 자신의 감정을 이해하고, 새로운 상황에 적응하며, 인생의 작은 모험에서 교훈을 얻는 과정을 보여줍니다.
32	Mercy Watson	2.7	머시는 사랑스럽고 장난기 많은 돼지입니다. 머시는 왓슨부부와 함께 살며, 달콤하고 유쾌한 모험들이 이야기를 이끌어갑니다.
33	Marvin Redpost	2.7~3.6	유명한 어린이 책 작가 루이스 쉐커에 의해 쓰여진 시리즈입니다. 마빈이 학교와 친구들 사이에서 겪는 일상적이면서도 때로는 놀라운 모험들을 그립니다.

34	The Zack Files	2.7~3.9	재치 있는 주인공 잭이 초자연적인 현상들을 해결해 나가면서 과학적 호기심과 논리적인 사고를 높입니다.
35	Guess How Much I Love You	2.8	부모와 자녀 사이의 무한한 사랑을 아름다운 그림과 함께 표현한 이야기로 전 세계 수많은 가정에서 사랑받는 그림책입니다.
36	Horrid Henry Early Reader	2.8~3.4	고집불통이지만 매력적인 헨리의 일상을 그려내며, 활기찬 삽화로 구성되어 있어 아이들이 독서에 흥미를 느끼고 자신감을 키울 수 있도록 설계되었습니다.
37	Cool Zone with the Pain and the Great One(Judy Blume)	2.8	형제 자매가 서로를 부러워하고 경쟁하며, 때로는 잘못 이해하는 방식을 사실적이고 유머러스하게 묘사한 책입니다. 서로에 대해 더 많이 배우고, 차이점을 이해하고 받아들이는 과정을 통해, 서로의 중요성을 깨닫게 됩니다.
38	Mr. Putter&Tabby Pour the Tea	2.8	노인과 그의 고양이가 함께하는 조용하고 평화로운 일상을 통해 우정과 삶의 소소한 즐거움을 그립니다.
39	Arthur Chapterbook	2.9~3.2	이 시리즈는 이미 아서를 좋아하는 아이들에게 더 깊이 있는 이야기를 제공하고, 독서 능력을 키우는 데 도움을 주는 확장된 챕터북입니다.
40	The Very Hungry Caterpillar	2.9	성장과 변화의 자연스러운 과정을 아이들에게 보여주며, 숫자와 요일, 색깔, 음식이름 등을 배울 수 있는 교육적인 요소도 담고 있습니다. 에릭 칼의 독특한 콜라주 기법으로 만들어진 이 책은 전 세계에 수백만 부가 판매되었습니다.
41	Dragon Masters	3.1~3.5	어린 용 조련사들이 각자의 용과 함께 성장하고, 마법의 세계에서 모험을 펼치면서 용기, 우정, 그리고 책임감을 배우는 판타지 시리즈입니다.
42	Roald Dahl	3.1~4.8	20세기 최고의 어린이 책 작가 중 한 명으로, 그의 작품은 유머와 종종 어두운 요소가 결합된 독특한 스타일로 유명합니다. 아이들에게 상상력을 자극하고, 선과 악, 그리고 어른과 어린이 간의 관계에 대한 교훈을 전달합니다.

43	A to Z Mysteries	3.2~4.0	세 친구가 알파벳 순으로 발생하는 다양한 미스터리를 해결하는 이야기로, 문제 해결 능력과 추론 능력을 키우는데 도움을 줍니다.
44	Flat Stanley	3.2~3.9	스탠리는 하루 밤 사이에 벽에 걸린 커다란 게시판이 떨어져 평평해지는 사고를 겪은 후, 이를 이용해 다양한 모험을 합니다. 이 시리즈는 독특한 상상력과 창의성을 바탕으로 아이들에게 읽는 재미와 함께 다양한 문화와 장소에 대한 이해를 넓힙니다.
45	Cam Jansen	3.2~3.9	사진처럼 정확하게 기억할 수 있는 놀라운 기억력을 가진 주인공 캠이 친구들과 함께 미스터리를 해결하는 시리즈로, 아이들에게 관찰력과 추론 능력의 중요성을 알려줍니다.
46	Andrew lost	3.3~4.0	소년 과학자 앤드류가 그의 친구들과 함께 시간과 공간을 넘나들며 모험을 펼치는 이야기로, 과학적 지식과 호기심을 자극합니다.
47	My Weird School	3.3~4.3	특별한 성격과 이상한 습관을 가진 선생님들로 인해 학교 생활이 즐겁고 기이한 사건으로 가득 찬 아이들의 이야기를 담고 있습니다. 주인공 A.J는 학교를 별로 좋아하지 않지만, 매번 등장하는 독특한 선생님들 덕분에 재미있는 모험을 합니다.
48	Sideways Stories from Wayside School	3.3~3.4	한 건축가의 실수로 이상하게 지어진 학교에서 벌어지는 기묘한 사건들을 통해 유머와 상상력을 자극합니다.
49	Geronimo Stilton	3.4~3.7	제로니모 스틸튼의 모험을 다룬 시리즈로, 역사와 지리에 대한 지식을 배우며 흥미진진한 모험을 함께합니다.
50	The Magic School Bus (chapter book)	3.4~4.5	프리즐 선생님과 그녀의 학생들이 마법의 학교 버스를 타고 떠나는 과학 탐험을 통해 아이들에게 과학 지식을 가르치고, 탐구하는 마음을 키웁니다.

51	Magic Tree House Merlin Missions	3.5~4.1	잭과 애니가 마법의 나무집을 통해 과거로 여행하며 역사 속 중요한 사건들을 목격하고, 때로는 마법의 임무를 수행하면서 용기와 지혜를 배웁니다.
52	Doctor de Soto	3.6	작고 똑똑한 설치류 치과의사인 주인공과 그의 아내가 다양한 동물 환자들을 치료하는 동안 겪는 도전을 그리고 있으며, 지혜와 기지를 사용하여 문제를 해결할 수 있다는 교훈을 담고 있습니다.
53	The Rainbow Fish to the Rescue	3.7	화려하고 반짝이는 비늘을 가진 무지개 물고기가 다른 물고기들과 우정을 나누며 가치 있는 교훈을 배우는 이야기로, 나눔과 친구들과의 우정을 배울 수 있습니다.
54	John Patrick Norman McHennessy	3.8	주인공은 학교에 가는 길에 매일 아침 환상적이고 기상천외한 사건들로 지각을 합니다. 이 책은 아이들의 풍부한 상상력과 현실 사이의 경계를 흥미롭게 그려내며, 때로는 상상이 현실보다 더 진실할 수 있음을 보여줍니다.
55	The Polar Express	3.8	크리스마스 이브에 한 소년이 북극으로 가는 마법의 기차를 타고 겪는 환상적인 여행을 그리는 이야기로, 산타클로스를 만나는 환상적인 경험을 통해 믿음과 기적의 가치에 대해 배우는 내용입니다.
56	Encyclopedia Brown	3.9~4.8	주인공 별명은 '백과사전'입니다. 그가 사전처럼 거의 모든 것에 대해 알고 있기 때문입니다. 아버지가 경찰서장인 이점을 살려, 작은 마을의 다양한 미스터리를 해결하는 아마추어 탐정으로 활동합니다.
57	The Chronicles of Narnia	4.1~5.9	나니아라는 가상의 세계를 배경으로 한 모험을 다룹니다. 이 시리즈는 피븐시 가족의 아이들과 다양한 동물, 신화적인 생물들, 그리고 아슬란이라는 위엄 있는 사자가 중심 캐릭터입니다. 기독교 상징주의와 함께 도덕적, 철학적 주제들을 탐구합니다.

58	Percy Jackson	4.1~4.7	현대 세계에서 그리스 신화가 현실로 드러나는 이야기로, 주인공 퍼시 잭슨이 자신이 포세이돈의 아들임을 알게 되고, 다른 신의 자녀들과 함께 올림포스를 위협하는 힘과 싸웁니다.
59	Charlotte's Web	4.4	돼지인 윌버와 그와 독특한 우정을 나누는 거미인 샬롯을 중심으로 합니다. 샬롯은 지적이고 사려 깊은 거미로, 윌버가 도살되는 운명을 피할 수 있도록 그의 거미줄에 영감을 주는 단어들을 짜넣습니다.
60	Number the Stars	4.5	2차 세계대전 동안 덴마크에서 일어난 유대인 박해를 배경으로 합니다. 이야기는 10살 소녀와 그녀의 유대인 친구와의 용기와 우정에 대해 다룹니다.
61	Franny K. Stein	4.5~5.3	젊은 과학자이자 발명가로, 평범한 가족과 학교 생활 속에서 자신의 이상한 실험들을 진행합니다. 그녀는 자주 기괴하고 웃긴 발명품을 만들어내며, 때로는 그녀의 발명품이나 실험이 예상치 못한 문제를 일으키기도 합니다.
62	Bridge to Terabithia	4.6	두 친구가 상상의 왕국 테라비시아를 창조하는 이야기입니다. 이 책은 우정, 상상력의 힘, 그리고 상실감을 다루며, 아이들이 대면하는 감정적인 도전들을 현실적이고 감동적으로 묘사합니다.
63	Holes	4.6	억울한 누명을 쓰고 소년 법정에서 유죄 판결을 받은 주인공의 이야기를 담고 있습니다. 주인공은 텍사스의 건조한 호수에 있는 소년 교화 시설로 보내져 매일 큰 구멍을 파는 처벌을 받습니다.
64	Diary of a Wimpy Kid	5.4	일기 형식으로 진행되며, 학교 생활, 가족 관계, 그리고 사춘기의 다양한 사건들을 유머러스하게 표현합니다. 일기와 만화 그림을 결합하여 아이들에게 큰 즐거움을 선사합니다.
65	Frindle	5.4	주인공이 '펜' 대신 새로운 단어 '프린들'을 사용하자는 아이디어로 학교와 마을에 커다란 변화를 일으키는 이야기로 언어의 창의성, 그리고 혁신의 힘을 탐구하는 스토리입니다.

66	Harry Potter	5.5~7.2	주인공 해리 포터가 호그와트 마법학교에 입학하여 친구들과 함께 마법 세계의 비밀을 풀고 악의 마법사 볼드모트와 맞서 싸우는 모험을 그리며 전 세계적으로 사랑받는 작품이 되었습니다.
67	The Giver	5.7	통제된 사회에서 '기억 보유자'로 선택된 주인공이 사회의 어두운 비밀을 알게 되고, 개인의 자유와 감정의 중요성을 깨닫는 과정을 다룹니다.
68	Hatchet	5.7	캐나다 광야에서 비행기 사고를 겪고 혼자 생존해야 하는 주인공의 유일한 도구는 어머니에게 받은 소형 도끼뿐입니다. 이 책은 생존의 의지, 자연의 잔혹함과 아름다움을 생생하게 묘사합니다.
69	The Land of Stories	6.1	쌍둥이 남매인 알렉스와 코너가 동화책을 통해 마법의 세계로 빨려 들어가면서 이야기는 시작됩니다. 그들은 여러 동화 속 인물들과 함께 모험을 펼치며 집으로 돌아가기 위한 방법을 찾아 나서게 됩니다.
70	A Single Shard	6.6	한국의 조선 시대를 배경으로 주인공은 뛰어난 도자기 장인인 민과 그의 아내에게 받아들여져 제자로 키워집니다. 그러나 여러 난관에 부딪히며 용기, 결단력, 그리고 예술에 대한 열정의 중요성을 배웁니다.

엄마와 함께하는 실생활 영어 표현

엄마표 영어를 할 때 엄마가 영어로 꼭 말해야 하는 것은 아닙니다. 하지만 엄마의 영어실력도 높일 겸 아이와 영어로 소통을 시도해 보는 것도 좋겠지요?

1. 기상 & 아침 준비

● "What time is it?" (몇 시야?)
"It's 7 o'clock." (7시예요.)

● "Do you want to sleep for 5 more minutes?"
(5분만 더 자고 싶어?)
"Yes, please." (네, 제발요.)

● "It's time to get up." (이제 일어날 시간이야.)
"Okay, I'm getting up." (네, 일어나요.)

● "You're already awake!" (너 벌써 일어났구나!)
"Yes, I woke up early." (네, 일찍 일어났어요.)

● "Let's open the curtains." (커튼을 열자.)
"Alright, let's open them." (알겠어요, 열어볼게요.)

● "How do you feel today?" (오늘 기분 어때?)

"I feel happy today!" (오늘 기분 좋아요!)

● "Did you wash your face?" (얼굴 씻었니?)

"Not yet, I will do it now." (아직 안 했어요, 지금 할게요.)

● "Wash your hands before breakfast."
(아침 먹기 전에 손 씻어.)

"Okay, I'll wash them." (네, 씻을게요.)

● "It's nice weather today." (오늘 날씨가 좋아.)

"Yes, it's sunny and warm!" (네, 맑고 따뜻해요!)

● "What's your plan for today?"
(오늘은 무슨 계획이 있니?)

"I want to play and read a book." (놀고 책 읽고 싶어요.)

2. 식사 시간

● "Do you want some milk?" (우유 마실래?)

"Yes, please." (네, 주세요.)

● "Do you want some more?" (더 먹고 싶니?)

"Yes, I would like more." (네, 좀 더 먹고 싶어요.)

● "You should eat your vegetables too." (채소도 먹어야지.)

"Okay, I'll eat them." (네, 먹을게요.)

● "Eat slowly." (천천히 먹어.)

"I'll eat slowly." (천천히 먹을게요.)

● "Is it tasty?" (맛있어?)

"Yes, it's really tasty!" (네, 정말 맛있어요!)

● "Do you want to try eating by yourself?"
   (너 스스로 먹어볼래?)

"Yes, I want to try." (네, 해보고 싶어요.)

- 🧑 "Use your fork." (포크 써야지.)

  🧒 "Okay, I'll use it." (네, 쓸게요.)

- 🧑 "What do you want to do after eating?"
  (밥 먹고 나서 뭐 하고 싶어?)

  🧒 "I want to play outside." (밖에서 놀고 싶어요.)

- 🧑 "Finish your food, don't waste it." (남기지 말고 다 먹어.)

  🧒 "I'll finish it all." (다 먹을게요.)

- 🧑 "Let's wipe your mouth." (입 닦자.)

  🧒 "Okay, let me wipe it." (네, 제가 닦을게요.)

3. 옷 입기

● 🧑 "What do you want to wear today?"
(오늘 뭘 입고 싶어?)

🧒 "I want to wear my blue dress."
(파란 드레스를 입고 싶어요.)

● 🧑 "This color looks good on you."
(너한테 이 색깔이 잘 어울려.)

🧒 "Thank you! I like this color." (고마워요! 이 색깔 좋아요.)

● 🧑 "Do you want to wear shorts?" (반바지 입을래?)

🧒 "Yes, I want to wear shorts." (네, 반바지 입고 싶어요.)

● 🧑 "It's cold, so wear something warm."
(날씨가 추우니까 두꺼운 옷을 입자.)

🧒 "Okay, I'll wear a sweater." (네, 스웨터 입을게요.)

● 🧑 "Let's button up your shirt." (단추를 잠그자.)

🧒 "Alright, I'll button it up." (알겠어요, 잠글게요.)

● "Shall I zip it up for you?" (지퍼 올려줄까?)

"Yes, please." (네, 부탁해요.)

● "Put your socks on properly." (양말을 바르게 신어.)

"I'll make sure they're on right." (잘 신을게요.)

● "Do you want to wear a hat?" (모자 쓸래?)

"No, I don't want to wear a hat."
(아니요, 모자 쓰기 싫어요.)

● "You need to change your clothes." (옷 갈아입어야 해.)

"Okay, I'll change now." (네, 지금 갈아입을게요.)

● "There's something on your clothes." (옷에 뭐가 묻었네.)

"I'll clean it off." (제가 닦을게요.)

4. 집안일 & 정리

- 🧑 "Let's clean your room." (이제 방 청소하자.)

  🧑 "Okay, I'll start cleaning." (네, 청소 시작할게요.)

- 🧑 "Put the toys back in place." (장난감을 제자리에 두자.)

  🧑 "I'll put them away." (장난감 제자리에 둘게요.)

- 🧑 "You should clean up your own things."
  (네 물건들은 네가 치워야지.)

  🧑 "I'll clean up my things." (제 물건들은 제가 치울게요.)

- 🧑 "Let's organize your clothes." (옷을 정리하자.)

  🧑 "I'll organize them." (제가 정리할게요.)

- 🧑 "Can you dust this off?" (먼지 좀 닦아줄래?)

  🧑 "Yes, I'll dust it off." (네, 닦을게요.)

- 🧑 "Put the books on the shelf." (책을 책장에 넣어.)

  🧑 "I'll put them on the shelf." (책장에 놓을게요.)

"Put your clothes in the laundry basket."
(빨래 바구니에 옷을 넣어.)

"Okay, I'll put them in the basket."
(네, 빨래 바구니에 넣을게요.)

"Can I throw this away?" (이거 버려도 돼?)

"Yes, you can throw it away." (네, 버려도 돼요.)

"Let's not leave anything on the floor."
(바닥에 아무것도 남기지 말자.)

"I'll make sure everything is picked up."
(모든 걸 주워서 치울게요.)

"Doesn't it feel good to be clean?"
(깨끗해져서 기분 좋지?)

"Yes, it feels great!" (네, 기분 좋아요!)

5. 외출 준비

● 🧑 "Are you all set to go out?" (외출 준비 다 됐니?)
　🧑 "Yes, I'm ready!" (네, 준비됐어요!)

● 🧑 "We're going to be late. Let's hurry up."
　　(너무 늦겠어. 빨리 준비하자.)
　🧑 "I'll hurry up." (서두를게요.)

● 🧑 "Did you pack your bag?" (가방 챙겼어?)
　🧑 "I packed it already." (이미 챙겼어요.)

● 🧑 "Don't forget your mask." (마스크 잊지 말고 챙겨.)
　🧑 "I won't forget it." (안 잊어버릴게요.)

● 🧑 "It's sunny, let's put on some sunscreen."
　　(햇빛이 강하니 선크림 바르자.)
　🧑 "Okay, I'll put it on." (네, 바를게요.)

● 🧑 "Close the door." (문 닫아야지.)
　🧑 "I'll close it." (제가 닫을게요.)

● "Shall we take an umbrella?" (우산 챙길까?)

"Yes, let's take it." (네, 챙겨요.)

● "Wait here." (여기서 기다려.)

"I'll wait here." (여기서 기다릴게요.)

● "Hold hands when we cross the street."
(길을 건널 때는 손잡고 가자.)

"Okay, I'll hold your hand." (네, 손잡을게요.)

● "Be careful of the cars." (차 조심해야 해.)

"I will be careful." (조심할게요.)

6. 놀이 시간

● 😊 "What game do you want to play?"
　　(무슨 놀이 하고 싶어?)

　😊 "I want to play hide and seek!" (숨바꼭질 하고 싶어요!)

● 😊 "Throw the ball." (공 던져봐.)

　😊 "Okay, here it goes!" (알겠어요, 공 던질게요!)

● 😊 "Hide, and I'll find you." (숨어봐. 내가 찾을게.)

　😊 "Okay, I'm hiding now!" (알겠어요, 지금 숨을게요!)

● 😊 "Let's see who can run faster."
　　(누가 더 빨리 갈 수 있나 보자.)

　😊 "I think I can run faster!"
　　(내가 더 빨리 달릴 수 있을 거예요!)

● 😊 "Shall we draw with this?" (이걸로 그림 그려볼까?)

　😊 "Yes, let's draw!" (네, 그림 그려요!)

● 😊 "It's your turn." (네 차례야.)

　😊 "Okay, I'm ready!" (알겠어요, 준비됐어요!)

"Good job! Now it's my turn." (잘했어! 이제 내 차례야.)

"Great! Your turn now." (좋아요! 이제 차례에요.)

"Play carefully." (조심해서 놀아.)

"I will be careful." (조심할게요.)

"Let's not be too noisy." (너무 시끄럽게 하지 말자.)

"Okay, I'll be quiet." (네, 조용히 할게요.)

"Do you want to go to the playground?"
(놀이터에 가고 싶어?)

"Yes, let's go to the playground!" (네, 놀이터에 가요!)

7. 학습 시간

● "It's time to study." (공부할 시간이다.)

"Okay, I'm ready to study." (네, 공부할 준비 됐어요.)

● "Let's take out your book." (책 꺼내자.)

"I'll get my book out." (책 꺼낼게요.)

● "Let's read the problem." (문제를 읽어보자.)

"Alright, let's read it together." (네, 함께 읽어봐요.)

● "Do you have any questions?" (모르는 거 있니?)

"Yes, I don't understand this part."
(네, 이 부분이 이해가 안 돼요.)

● "How did you solve this?" (이건 어떻게 풀었어?)

"I used addition and subtraction."
(덧셈과 뺄셈을 사용했어요.)

● "Think a little more." (조금 더 생각해 보자.)

"Okay, I'll think about it more." (네, 좀 더 생각해 볼게요.)

● "It's okay to make mistakes." (틀려도 괜찮아.)

"Thank you for understanding." (이해해줘서 고마워요.)

● "Let me know when you're done." (다 했으면 말해줘.)

"I'll let you know when I finish." (다 끝나면 말할게요.)

● "Let's do this part again." (이 부분을 다시 해보자.)

"Alright, let's try it again." (알겠어요, 다시 해볼게요.)

● "Great job! Let's move on to the next one."
(잘했어! 다음 문제로 가자.)

"Okay, I'm ready for the next one."
(네, 다음 문제 할 준비 됐어요.)

8. 잠자기 전

- 🧑 "Let's put on your pajamas." (잠옷 입자.)
  🧒 "Okay, I'm putting them on." (네, 잠옷 입을게요.)

- 🧑 "Did you brush your teeth?" (이빨 닦았니?)
  🧒 "Yes, I brushed them already." (네, 이미 닦았어요.)

- 🧑 "Shall I read you a book?" (책 읽어줄까?)
  🧒 "Yes, please read me a book." (네, 책 읽어주세요.)

- 🧑 "It's time to turn off the lights." (불 꺼야 할 시간이야.)
  🧒 "Okay, I'm ready for bed." (네, 잘 준비됐어요.)

- 🧑 "How was your day today?" (오늘 하루 어땠니?)
  🧒 "It was fun and exciting!" (재미있고 신났어요!)

- 🧑 "What do you want to do tomorrow?"
  (내일 뭐 하고 싶어?)
  🧒 "I want to go to the park." (공원에 가고 싶어요.)

● "Are you feeling sleepy?" (졸리니?)

"Yes, I'm getting sleepy." (네, 졸려요.)

● "Let's close our eyes now." (이제 눈 감자.)

"Okay, I'm closing my eyes." (네, 눈 감을게요.)

● "Good night, I love you." (잘 자, 사랑해.)

"Good night, I love you too." (잘 자요, 저도 사랑해요.)

● "See you in the morning." (아침에 보자.)

"See you in the morning!" (아침에 봐요!)

9. 칭찬과 격려

● "You're awesome!" (너 정말 멋져!)

"Thank you!" (고마워요!)

● "It's amazing how hard you tried."
(이렇게 열심히 하다니 대단해.)

"I'm glad you think so!" (그렇게 생각해주셔서 기뻐요!)

● "You're so brave." (넌 참 용감해.)

"Thank you, I feel brave." (고마워요, 용감한 것 같아요.)

● "You're very thoughtful." (생각이 깊구나.)

"Thanks, I try to think carefully."
(고마워요, 신중히 생각하려고 해요.)

● "I'm so proud that you did this on your own."
(이걸 혼자 해냈다니 정말 자랑스러워.)

"I'm proud too!" (저도 자랑스러워요!)

● "You always surprise me." (넌 항상 나를 놀라게 해.)

"I'm happy to surprise you!" (놀라게 해서 기뻐요!)

● "You make me happy." (네가 있어서 행복해.)

"I'm happy to make you happy."
(저도 엄마를 행복하게 해줘서 기뻐요.)

● "Keep it up, and you'll do great."
(계속 이렇게 하면 될 거야.)

"I'll keep trying!" (계속 노력할게요!)

● "You can do it." (넌 할 수 있어.)

"I know I can!" (제가 할 수 있다는 걸 알아요!)

● "It must have been tough, but I'm proud you didn't
give up." (어려웠을 텐데 포기하지 않아서 대단해.)

"It was tough, but I'm glad I kept going."
(힘들었지만 포기하지 않아서 기뻐요.)

10. 안심시키기 & 다독이기

- 🧑 "Don't be scared." (무서워하지 마.)

  🧒 "I'm not scared anymore." (이제 무섭지 않아요.)

- 🧑 "Everything will be fine." (모든 게 잘 될 거야.)

  🧒 "I hope so." (그렇게 되길 바래요.)

- 🧑 "I'll help you." (엄마가 도와줄게.)

  🧒 "Thank you, I need your help."
  (고마워요, 도움이 필요해요.)

- 🧑 "It's okay to take a break." (지금은 조금 쉬어도 돼.)

  🧒 "I'll take a short break." (짧게 쉬어볼게요.)

- 🧑 "You'll do better next time."
  (다음 번에 더 잘할 수 있을 거야.)

  🧒 "I'll try my best next time." (다음에는 최선을 다할게요.)

● "It's okay, everyone makes mistakes."
(괜찮아, 누구나 실수해.)

"Thanks, I feel better now."
(고마워요, 이제 기분이 나아졌어요.)

● "I'll be gentle, don't worry." (아프지 않게 조심할게.)

"Okay, I trust you." (네, 믿어요.)

● "You're not alone." (넌 혼자가 아니야.)

"I know you're here with me."
(엄마가 함께 있어 준다는 걸 알아요.)

● "How do you feel now?" (지금 기분이 어떠니?)

"I feel a little better." (조금 나아진 것 같아요.)

● "Let's wipe your tears." (눈물 닦자.)

"Okay, let's wipe them." (네, 닦을게요.)

집에 하나씩은 있는 영어 단어 카드 활용 못하시고 방치하고 계신가요? 제가 유치원 강사일 때 경험한 아이들이 제일 재미있어 하고 집에서도 손쉽게 할 수 있는 게임들만 소개합니다. 매일 하기는 힘들겠지만 엄마나 아이 가끔 지칠 때 재미있게 활용해 보세요. 게임할 때도 집중 듣기 했던 원서나 디즈니 OST, 영어 동요, 시청했던 DVD 소리 등 아이가 알아들을 만한 영어 배경 소리를 꼭 잔잔하게 틀어놓고 진행해 주세요. 편의상 엄마라고만 했지만 아빠와 함께하면 효과는 배가 됩니다.

1 바닥에 카드를 깔아놓고 엄마가 불러주는 단어 카드 찾아오기. 그림이 있는 카드라서 금방 찾는다면 글자만 있는 카드를 이용하세요.

2 엄마랑 교대로 단어카드 읽어보기

3 벽 가까이 바닥에 카드를 깔아놓고 벽에서 카드를 떨어뜨려 바닥에서 만나는 카드 읽어보기

4 엄마가 말한 카드를 그릇에서 눈을 감고 꺼내보기. 맞으면 엄마와 하이파이브

⑤ 3가지 버전의 가위바위보(①손 ②얼굴: 혓바닥 내밀면 가위, 입 다물면 바위, 입 크게 벌리면 보 ③ 일어서서 하기: 앞뒤로 다리 벌리면 가위, 다리 모으면 바위, 다리 양쪽으로 벌리면 보)를 해서 이긴 사람이 카드를 읽으며 가져가기. 10장 먼저 모은 사람이 승리

⑥ 나무젓가락에 실로 자석 묶어서 낚싯대처럼 만든 후 클립 끼운 단어카드 깔아놓고 엄마가 말한 카드 낚시해서 가져오기

⑦ 빨래집게를 이용해 단어카드 세워 놓고 엄마가 말한 단어카드 고무공 던져 쓰러뜨리기

⑧ 엄마 또는 아이가 해당 카드를 말로 하지 않고 몸으로만 설명하여 맞추기

⑨ A4 종이에 작은 구멍을 만들고 그 뒤에 카드를 대어 구멍 속에 보이는 카드를 알아맞히기

⑩ '즐겁게 춤을 추다가 그대로 멈춰라!' 노래로 함께 춤추다가 "멈춰라!"하고 엄마가 불러주는 카드 얼른 찾아보기

두 아이와 함께한 엄마표 영어

안윤슬(5년 차),안윤소(4년 차) 어머님 후기

처음엔 누구나 그랬듯이 영어학원에 다녔어요. 아이가 공부하는 모습을 보니 제가 어렸을 때 배우던 방식과 크게 다르지 않아서 고민에 빠졌어요. 그렇게 배우면 나중엔 머릿속에서만 뱅뱅 돌고 말할 수 없는 영어가 될 것이 분명했기 때문이지요.

호주에 사는 영어 강사였던 친구에게 고민을 이야기하니 원서를 많이 볼 수 있게 해주라는 거였어요. '원서를 빌려서 읽게 해줄까?' 하다가 '적시적기에 어떤 원서를 읽게 하지?' 여러 고민 끝에 제가 원하던 방식으로 지도하는 아이보람을 알게 되었습니다. 아이보람에 가서 상담을 받고 더욱 확신이 섰어요.

다니던 영어학원을 그만두게 하고 아이보람에서 하는 수업을 시작했어요. 아이는 영어학원을 왜 그만둬야만 하냐고 펑펑 울었어요.

원어민 선생님과 수업하는 게 재미있다고 하면서요. 상황 설명을 해주며 해보고 아니면 전에 다니던 영어학원으로 돌아가도 된다고 하니 알겠다면서 아이보람에 발을 들인 지 벌써 5년이 되어가네요.

　지금은 저에게 아이보람을 하게 해주셔서 감사하다고 어버이날 때 꼭 편지에 써주네요. 그 말을 듣는 순간 얼마나 뿌듯한지. '처음 아이보람이 있다는 것을 들었을 때 바로 시작했더라면 좋았을 텐데!'하는 아쉬움도 있지만 '5년 전이라도 시작한 게 얼마나 다행일까?'하는 안도감이 드네요.

　제 큰 아이는 중2, 둘째는 초4입니다. 처음 시작할 때 초3, 6살 가을이었는데 어느덧 중학생과 초등학생이 되었네요. 2019년 가을에 시작하자마자 코로나라는 질병으로 모두가 학원을 쉬거나 멈춰야 했지만 아이보람은 단 한 번도 쉬거나 멈추지 않았어요. 오히려 그 시기에 열심히 달려갔던 것 같아요. 아이들이 학교도 못 가고 쉬고 있을 때 아이보람을 하면서 내면을 채우고 있었죠. 학습 습관도 함께 잡혔던 것 같아요. 그 긴 시간을 알차게 보냈던 것 같아요. 원서와 영화를 보면서 외국 문화와 속담도 은연중에 알고 있더라고요. 놀 때도 아무런 거리낌 없이 영어로 하는 모습을 보며 "어떻게 저럴 수 있어요?"하면서 물어보면 아이보람 덕이라고 한답니다.

얼마 전에 호주에 사는 친구와 친구 딸아이가 함께 4년 만에 한국에 들어왔는데 아이들에게 편하게 영어로 얘기해도 된다고 하니 신나서 얘기하고 게임도 하는데, '정말 아이보람이 아니었다면 이게 가능했을까?'하는 생각이 드네요. 우리 아이들도 함께 프리 토킹하니 즐거웠다고 하더라고요. 제가 원하던 모습이 바로 이런 모습이었거든요. 암기가 아닌 우리말처럼 자연스럽게 습득하는…. 큰아이가 중2라 시간이 요즘엔 없어 영화를 못 봐서 아쉬워하는데, '둘째처럼 좀 더 시간이 있다면 더 즐기면서 여유롭게 하지 않았을까?'하네요.

'영화를 원어로 보기에 알아들을까?'하는 생각이 들어 물어보면 신기하게도 다 맞더라고요. 남편도 유튜브나 아무거나 틀어주고 "뭐라는 거야?"하고 물어보면 말하는 게 신기하다고 합니다. 제가, 아이들이 잘해서 그런 게 아니고 아이보람에서 잘 이끌어 준 덕이랍니다. 영어는 아이보람만 한 것이 없다고 자부합니다. 이 글을 읽는 분들 꼭 해보세요. 할까 말까 할 때는 하는 게 맞답니다. 아이들이 영어를 즐겁게 할 수 있다면 해야죠! 저는 아이보람을 하면서 딱히 힘들었던 점은 없었던 것 같았어요. 힘들었던 점도 쓰고 싶었으나 제 기억엔 없어서 쓸 수가 없네요. 좋은 점만 가득한 아이보람 최고!

느리지만 완벽하게

추　진(중3, 졸업생) 추온유(5학년, 4년 차) 어머님 후기

　안녕하세요? 저는 23년 5월에 아이보람 5년 차를 졸업하게 된, 현재 중학교 3학년 추진 학생, 현재 아이보람 4년 차를 진행하고 있는 5학년 추온유 학생의 엄마입니다. 제가 처음으로 아이보람을 접하게 된 것은 아이보람을 하고 있던 친한 친구의 권유였습니다. 모국어 습득 방식으로 영어를 배우는 모습을 보고 '아, 저 학습 방법이면 아이들에게 장기적으로 적용해 볼 만하겠다.'라는 생각이 들었고 바로 시작하게 되었습니다.

　당시 제가 살고 있던 지역에는 아이보람 센터가 없어서 매주 고속도로를 운전해서 퇴근길에 왕복 1시간 30분 걸리는 길을 3년 정도 다녔습니다. 아들이 초등학교 2학년 때 3개월간 터잡기를 시작하면서 아이보람을 시작했는데, 그 시절을 떠올리면 참 추억이 많습니다. 매주 한 번씩 먼 거리를 오가면서 아이들과 차 안에서 영어 흘

려듣기도 하고, 연따(쉐도잉)도 하고…. 지금 되돌아보면 그런 시간들이 쌓여서 현재의 아이들 모습이 되지 않았나 싶습니다.

많은 어머니들과 아이들이 공감하겠지만 아이보람은 엄마표 영어이다 보니 가정에서 아이와 엄마가 어떻게 프로그램을 진행해 나가는지가 가장 중요한 포인트라는 생각이 듭니다. 센터에서 잘 안내해 주는 대로 척척 진행을 해 나가면 좋겠지만 엄마 마음처럼 잘 따라주는 아이도 있는 반면에 그렇지 않은 아이도 있기 마련입니다.

첫째 아이는 스스로 학습을 잘 하는 편이라 아이보람을 하면서 몇 번의 고비는 있었지만 그래도 5년 차 졸업을 하기까지 정말 큰 성과를 보이며 잘 성장해 주었습니다. 주 6~7회, 매일 3시간 이상씩 흘려듣기와 DVD, 그 외 모든 과정들을 차곡히 해 나가면서 정말 눈에 띄게 성장하는 모습들이 보였습니다. 그러나 그런 과정들은 한순간에 이루어진 것이 아니라 묵묵히, 성실하게 해 나간 아이의 땀과 노력이 있었음을 너무도 잘 알고 있기에 그저 감사할 뿐입니다.

지금은 영어로 글을 쓰고 원서를 읽는 것이 훨씬 편하다고 말하는 아들이지만 연따를 하거나 5년 차 동시통역 과정에서는 많이 힘들어하기도 하고 난관에 부딪히기도 했었습니다. 매년 차마다 겪어야 하는 고비들이 있지만 그 과정들을 잘 견디면 반드시 노력했던 것들은 좋은 결실을 맺게 된다는 것을 아이보람을 하면서 많이 느끼게 되었습니다.

아이보람을 하면서 좋았던 점을 머릿속으로 생각은 했었지만 이렇게 글로 정리해 볼 수 있는 계기가 되어서 저 또한 유익한 부분입니다.

① 자기 주도적 학습력 향상
② 시간 및 스케줄 관리 능력 향상
③ 타 언어에 대한 두려움 극복 및 언어 학습 동기유발 향상
④ 영어에 대한 자신감으로 어떤 문화권에 가서든지 자신감 있게 대화할 수 있음.
⑤ 원서를 접함으로 얻게 되는 지식의 폭 확대
⑥ 수능과 학교 내신 동시에 미리 준비 가능

둘째 아이는 현재 초등학교 5학년으로 아이보람 4년 차 과정 중에 있습니다. 첫째 아이와는 또 다르게 아이보람 프로그램의 수행 속도가 다소 차이가 나지만 오빠의 모습을 보면서, 항상 본인도 오빠처럼 5년 차 과정이 끝나면 원어민과 아무 장벽 없이 마음껏 하고 싶은 말도 다 하고, 영어로 글도 쓰고 원서도 읽게 될 거라 확신하면서 끝까지 과정을 마치겠다고 다짐을 하고 있습니다. 그만큼 옆에서 직접 아이보람의 결과를 눈으로 보고 있기에 결코 그만둘 수 없

다며 최선을 다하고 있는 모습이 기특합니다.

부모님들이 아이보람을 하면서 약간 우려하는 부분이 중학교 가면 문법을 해야 하는데 그 부분에 문제가 생기거나 따로 학원에서 공부를 해야 하는 거 아니냐고 생각하는 것입니다. 그러나 아이보람에서도 4~5년 차를 통해 충분히 문법 학습이 이루어지고 있기 때문에 그 부분은 우려할 것이 전혀 없습니다. 문법적인 부분도 자연스럽게 습득하게 되기 때문에 학교 내신에서는 당연히 좋은 성적을 거두게 됩니다.

지금은 좀 멀어 보이고 더뎌 보이지만 노력한 시간은 결코 헛되지 않습니다. 지금 하고 있는 일에 확신을 가지고 아이들을 격려해 주세요. 그리고 5년의 과정을 아이와 함께 옆에서 지원하며 응원하며 가고 있는 모든 부모님들을 응원합니다.

내가 영어를 유창하게 구사하기까지

홍승현(중2, 5년 차) 후기

나는 2학년이 될 때까지 알파벳도 몰랐다. 2학년뿐만 아니라 3학년이 되고 나서도 dog, cat, car…. 등의 간단한 영어 단어조차 쓰기 어려워했다.

나는 2학년 겨울방학에 아이보람 과정을 진행하기 시작했는데, 엄마에게 처음 아이보람의 엄마표 영어 진행 방법을 들었을 때를 잊을 수가 없다. 엄마는 그냥 영어로 하루에 1시간 이상 DVD만 시청하고 영어 원서를 CD와 함께 읽으면 된다고 했다. 처음에는 그 말을 듣고 말도 안 되는 소리라고 생각했다. 왜냐하면 내 주변 친구들 중에는 엄마표 영어를 하는 아이가 한 명도 없었고 모두가 학원을 다녔었다. 영어 단어를 하루에 수십 개씩 외우고 영어 문제집을 2~3개 정도 들고 다니면서 열심히 풀면서 힘들게 영어 공부를 해도 영어로 말하기는커녕 영어 문장도 만들기 어려워하는 친구들을 많이 봤기 때문이었다.

그래도 영어로 된 영상을 보는 것은 평소에 TV를 거의 보지 못했던 나에게는 상당히 재미있는 일이었기 때문에, 엄마가 빌려온 DVD를 꼬박꼬박 챙겨 보았다. 솔직히 말하자면 영어로 된 대사 자체는 이해하기 어려웠다. 사실 알파벳도 모르던 내가 대사를 이해하는 것이 이상했다. 그렇기 때문에 나는 대사를 이해하기보다는 영화 장면의 상황을 보면서 주인공들의 심경을 짐작해가면서 시청했다. 그때까지만 해도 아이보람의 엄마표 영어가 별로 효과가 없어 보였다.

그러던 어느 날 여느 때처럼 DVD를 시청하던 나의 귀로 주인공들이 말하는 대사가 아주 조금씩 들리기 시작했다. 그때를 기점으로 나의 영어 듣기 실력은 급상승하였다. 당연히 영어 단어를 거의 몰라서 들리는 대사를 해석하기는 아직 무리였지만 영어 발음이 다 들리기 시작한 것만으로도 충분한 성과 아닌가? 그 후로는 CD를 들으며 원서를 읽는 '집중 듣기'라는 과정을 하기 시작했다. 원서를 읽으면서 백지상태였던 나에게 영어 단어가 조금씩 채워지기 시작했다. 이제는 영화에 나오는 말을 들으며 웃는 정도까지 발전했다. 그렇게 단계를 진행하면 할수록 내 영어 실력은 눈에 보일 만큼 엄청난 성장을 이루었고, 큰 고비인 중학교 첫 시험을 앞두게 되었다.

솔직히 영어는 걱정하지 않았다. 지금까지 내가 해온 여러 과정으로 키운 내 실력을 믿고 수학 공부에 전념할 수 있었다. 수학 공부를 하며 영어 시험 대비는 거의 하지 않았음에도, 나는 첫 영어 시험에서 100점을 맞을 수 있었다.

이렇게 내가 수행해온 엄마표 영어 과정을 설명해 보았다. 엄마표 영어에는 여러 가지 장점이 있지만, 내가 생각하는 가장 큰 장점으로는 이것을 꼽을 수 있다. 영어를 그냥 시험을 위한 하나의 과목으로 생각하는 것이 아니라 내가 직접 영어를 말하고, 쓰고, 영어를 자유자재로 다룰 수 있도록 만들어 준다는 점이다.

보통 영어를 많이들 공부하지만, 내 주변에서 나처럼 영어를 유창하게 말하고 쓸 수 있는 친구는 한 번도 본 적이 없다. 아이보람의 영어 공부 방식은 갓난아기가 모국어를 배우는 과정과 매우 유사하다. 아기들이 엄마나 아빠가 하는 말을 듣고 따라 하는 것처럼 나도 DVD를 시청하며 자연스럽게 말하는 법을 터득하게 되었다.

그렇다면 누군가는 문법에 관해 물어볼 수 있겠다. 어떻게 문법을 터득하느냐고? 그것 또한 자연스럽게 습득할 수 있다. 자기 자신에게 직접 질문을 해보자. "나는 우리말, 국어의 문법을 얼마나 자세히 알고 있는가?" 아마 대부분은 문법을 배우지 않고도 충분히 한국

말을 구사할 수 있을 것이다. 영어 또한 마찬가지이다. 영어 문장의 어순은 DVD를 시청하면서 자연스럽게 배울 수 있다. 만약 자신이 학생이고 시험을 보기 위해 문법의 용어나 용법을 알아야 한다면 문법 문제집 1~2권 정도만 풀면 정리할 수 있다. 이 또한 자신이 이미 문법을 자연스럽게 알았기 때문에 가능한 일이다. 실제로 엄마표 영어 과정에도 말하기·듣기를 다 배우고 나면 문법 공부를 한다. 이로써 엄마표 영어로 영어를 완벽하게 마스터할 수 있는 것이다.

현재 이 글을 쓰고 있는 시점에서, 나는 이미 영어로 글을 쓰기는 물론, 원어민과 대화도 가능할 정도로 발전하였다. 나는 이 모든 일이 엄마표 영어 덕분이라고 생각한다. 만약 내가 다른 아이들과 똑같이 평범하게 학원을 다녔더라면 이렇게 발전하는 것이 가능했을까? 무척 어려웠을 것이다. 나는 나를 엄마표 영어 방식으로 영어를 공부할 수 있게 노력해 주신 엄마가 무척 자랑스럽다.

2학년 겨울방학으로 다시 돌아간다고 해도
내 선택은 아이보람

홍승현(5년 차), 홍세현(4년 차) 어머님 후기

첫아이가 2학년 겨울방학 무렵, 나는 영어를 시작해야겠다고 마음먹었다. 초등학교 3학년 무렵에 첫 영어 학습이라니…. 너무 늦은 것 아니냐고 생각할지도 모르겠다. 조기 영어교육에서 불안하지 않았던 이유는 바로 나 자신의 경험이었던 것 같다.

나의 학창 시절 영어 학원, 토익, 토플, 원어민 회화 수업까지 학원이란 학원은 전부 다녀보았지만, 나는 듣고 말하기에 자유롭지 못했기 때문이다. 그래서 학원에 대한 미련이 없었고, 아이들 또한 초등 입학 이전부터 공들이는 영어, 수학 학원조차도 보내지 않고, 집에서 문제집만으로 학습을 하고 있었다.

영어보다는 한글이 먼저!
이건 내가 가졌던 확고한 신념이었다.

아이를 학원에 보내지 않고, 내가 가장 많이 공들였던 부분은 바로 독서였다. 하교 후에는 도서관에서 1시간 정도 읽고 싶은 책을 충분히 보게 하고, 독서가 끝나고 집으로 돌아올 때는 3~4권씩 집에서 읽을 책을 대여해 왔다. 어렸을 때부터 미디어 노출은 하지 않았기에, 아이들에게 집에서 책 읽는 것은 너무나 자연스러웠다. 밥을 먹거나, 간식을 먹을 때도 책을 끼고 먹을 정도로 책은 아이들의 유일한 오락이었다.

초등 2학년 겨울 아이보람의 문을 두드리다.

아이의 같은 반 엄마들을 종종 만나 커피를 마시며 수다도 떨고, 정보를 공유하며 교류를 이어가고 있을 때 한 엄마로부터 아이보람을 권유받았다. 학원을 전혀 보내지 않고 모든 교육을 도맡아 하는 내 모습을 보고, 아이보람을 하면 정말 잘 할 것 같다며 해보지 않겠냐고 물어 온 것이다. 그때 그 엄마가 아이들이 영어로 자연스럽게 대화하며 퀴즈를 푸는 영상을 보여주었는데, 나는 순간 '이거다!' 싶은 확신을 얻었다.

모국어가 충분히 자리 잡은 상황에서 영어 학습은 지금이 적기라고 생각했고, 며칠 지나지 않아 아이보람 상담 예약을 하고, 상담을 한 당일 아이보람 등록까지 일사천리로 진행을 시작했다.

터 잡기부터 첫 발화까지

아이보람을 시작할 당시 그 흔한 알파벳조차 가르치지 않아서 아이는 영어 백지상태였다. 너무 다행스러운 것은 미디어 노출을 자제한 덕분에 무자막 영어 영상 노출이 순조로웠다는 것이다. 비록 알아듣지 못하는 언어이지만, 아이는 TV를 시청한다는 것만으로도 너무 즐거워했다.

아이보람에 다니기 시작한 그날부터 우리 집에서는 영어 영상, 영어 오디오 등 영어 소리가 끊이지 않았다. 아이보람 진행과정은 비교적 순탄했다. 아이는 과정 하나하나 성실히 수행했고, 첫 연따도 곧잘 하였다.

그러던 중 그룹 미팅을 진행하며 한 가지 의문점이 솟아나기 시작했다. 다른 아이들은 종알종알 발화를 시작하는데, 왜 우리 아이는 한 마디도 하지 않을까? 언제쯤 발화를 하게 될까? 기대 반, 걱정 반 기다리던 어느 날 드디어 아이 입에서 나온 첫 마디는 단어 나열이 아닌 거의 완벽한 문장이었다. 아이는 본인이 자신 있게 말할 수 있을 때까지 기다렸던 것이지, 말을 못 하는 게 아니었던 것이다. 첫 발화를 경험하고 나서 아이보람에 대한 내 확신은 더 커져갔다.

엄마표로 영어 문법 가능할까?

5년 차 과정까지 진행하고 나니 듣기, 읽기, 말하기, 쓰기까지 언어의 4대 영역이 전부 가능해졌다. 아이는 무자막 영상을 보며 엄마에게 통역을 해 주는 수준이 되었고, 자신이 원하는 말을 영어로 표현하는 것을 어려워하지 않았다. 영어를 말할 때 굳이 한국어로 먼저 생각하고 영어로 변환하는 과정 없이 오로지 영어로만 사고를 할 수 있게 된 것이다.

영어 문법 공부는 어렵지 않았다. 아이는 문법적인 용어를 모를 뿐, 이미 문법에 맞는 문장을 구사하고 있었기 때문에 인강 시청을 통해서 흩어져 있는 문법들을 정리해 주는 과정만으로 학교 시험을 어렵지 않게 대비할 수 있었다. 중학교 2학년 첫 중간고사, 별다른 영어 공부 없이 아이는 100점을 맞았고, 나는 마음 한구석에 가지고 있던 문법에 대한 걱정을 말끔히 털어낼 수 있었다.

아이보람 졸업을 앞두고

현재 큰아이는 5년 차 원어민 화상수업을 진행 중이고, 작은 아이는 4년 차 〈타임〉 지 과정을 진행 중이다. 엄마표 영어로 두 아이를 끌어가는 일은 내게도 쉽지만은 않았다.

아이보람 일지 앞면에는 이런 문구가 적혀있다.

"90%의 엄마 노력과 10%의 아이 노력이 함께할 때, 아이의 두 손에 세계를 담아줄 수 있습니다."

90%의 엄마 노력. 정말 공감한다.

큰아이가 6학년 때 나에게 이런 말을 해 준 적이 있었다.

"엄마 나 학원에 다녔으면 이만큼 영어를 잘 하지 못했을 것 같아요. 아이보람 시켜줘서 너무 고마워요."

그 한 마디로 그동안의 노력을 전부 보상받는 느낌이었다.

아이보람 과정은 따라가기만 하면 되는, 쉽지만 어찌 보면 쉽지 않은 길…. 그렇지만 EFL 환경인 우리나라에서 다른 과정을 통해서는 절대로 도달할 수 없다는 확신이 있었기에 끝까지 아이보람과 함께 할 수 있었던 것 같다.

영어는 학습하는 것이 아닌 습득하는 것이다. 영어 습득을 할 수 있게 코칭 해주는 아이보람을 만난 건 나에게 정말 큰 행운이었다. 초등 2학년 겨울방학 그때로 다시 돌아간다고 해도 내 선택은 아이보람이 될 것 같다. 엄마표 영어 시작을 망설이는 엄마들에게 나의 경험이 조금이나마 도움이 되었으면 좋겠다.